Sala de Espera

Taty Ades

Sala de Espera

© Publicado em 2014 pela Editora Isis.

Revisão de textos: Rosemarie Giudilli

Diagramação e capa: Décio Lopes

DADOS DE CATALOGAÇÃO DA PUBLICAÇÃO

Ades, Taty
Sala de Espera/Taty Ades | 1ª edição | São Paulo, SP | Editora Isis, 2014.

ISBN: 978-85-8189-066-1

1. Romance 2. Literatura Brasileira I. Título.

Proibida a reprodução total ou parcial desta obra, de qualquer forma ou por qualquer meio seja eletrônico ou mecânico, inclusive por meio de processos xerográficos, incluindo ainda o uso da internet sem a permissão expressa da Editora Isis, na pessoa de seu editor (Lei nº 9.610, de 19.02.1998).

Direitos exclusivos reservados para Editora Isis

EDITORA ISIS LTDA
www.editoraisis.com.br
contato@editoraisis.com.br

Sumário

Prólogo 7
Parte 1 9
Capítulo 1 – Lentidão e Pressa 11
Capítulo 2 – O Vampiro de Emit 63
Capítulo 3 – Olhos de Bety Davis 93
Parte 2 105
Capítulo 1 – O Decreto 107
Capítulo 2 – O Caos da Culpa 125
Capitulo 3 – Finalmente, o Luto 131
Parte 3 153
Capitulo 1 – O Espelho 155
Capítulo 2 – O retrato de Dorian Gray 169
Capítulo 3 – Renovação 181
Epílogo 193

Prólogo

Adentro a fria sala de espera do hospital e observo a todos com atenção. Há ali três pessoas que me chamam a atenção. Percebo nelas a mesma energia de desespero, angústia – cada uma com um anseio diferente, uma verdade a ser encontrada, uma solução – e, de certa forma, sinto-me responsável por elas. Olho com mais cuidado para o homem raquítico e estranho; desvio o olhar para a mulher pequena e curvada, de cabelos brancos e rugas bifurcadas; depois, me rendo à beleza da mulher madura e bem vestida que anda nervosamente de um lado a outro. Reflito como esses três seres – que nem se conhecem – têm em comum a mesma intensidade na dor que sentem.

Ainda permaneço ali por mais alguns segundos que têm a duração de uma eternidade. Depois me retiro correndo, esbarrando nas paredes frias de um hospital frio, dentro de um mundo ainda mais frio – a tudo deixando em suspenso.

A cidade de Emit estremece. Bocejo e, por um breve instante, sinto-me cansado demais da minha longa e eterna jornada. Aqueles três seres precisam me descobrir e eu, decifrar como ajudá-los. Afinal, quando se está cansado, o amor, o luto e a velhice não querem ser encarados de frente, mas sei muito bem que "encarar de frente" é a única solução para as três almas perdidas. Quanto de mim eles ainda têm? Qual será a cota de cada um?

Prologue

PARTE 1

Marcel

Tempo do amor

Amor é privilégio de maduros
estendidos na mais estreita cama,
que se torna a mais larga e mais relvosa,
roçando, em cada poro, o céu do corpo.

É isto, amor: o ganho não previsto,
o prêmio subterrâneo e coruscante,
leitura de relâmpago cifrado,
que, decifrado, nada mais existe
valendo a pena e o preço do terrestre,
salvo o minuto de ouro no relógio
minúsculo, vibrando no crepúsculo.

Amor é o que se aprende no limite,
depois de se arquivar toda a ciência
herdada, ouvida. Amor começa tarde.

(Carlos Drummond de Andrade)

CAPÍTULO 1

Lentidão e Pressa

1

A primeira vez que a vi, ela me pareceu fácil e vulgar, como qualquer mulher carente e desesperada por um pouco de afeto, que joga na sexualidade uma maneira de compensar um corpo sedento e cansado.

Sorria com seus lábios vermelhos, numa expressão fantástica e desagradável, sinistra e patética, com os cabelos indo e vindo, ocultando-lhe parcialmente o rosto.

Homens passavam e sorriam e ela piscava, como se fosse um robô programado para pedir atenção, ou um animal buscando proteção, ou uma qualquer.

Enquanto dançava, debaixo de fortes luzes, que potencializavam a sensação do espaço *underground* e pesado, nefasto, seu corpo se contorcia à espera de contato. As pessoas em volta se debatiam e riam. Um sujeito corpulento se aproximou e lhe deu uma bebida. Ela agradeceu sorrindo com malícia, deu um gole e passou a língua de maneira insinuante pelos lábios, aumentando os gestos provocativos da dança. Ele a pegou por trás e a fez escrava, aprisionando-a com braços e pernas, num contato intencional, que só um homem compreende, ao ver outro homem sentindo desejo. Mais uma vez, senti repulsa por ela.

Num piscar de olhos, o grandalhão não era o único a possuí-la; outros homens chegavam e sentiam o cheiro de fêmea que exalava. Logo, ela mal podia ser vista, pois estava entre vários machos sedentos. Mas quando a luz bateu (propositalmente?) por alguns segundos em seu pequeno corpo e rosto, enxerguei a expressão mais constrangedora de minha vida: aquela mulher gozava com o olhar por cada poro e célula de seu corpo. Era tão ridícula e não sabia; tão fácil e nem se importava: lembrou-me um conto mal escrito que quer se devorar, mas que após a sua leitura o leitor esquece num canto qualquer, por descrever a mesmice humana.

Desviei o olhar daquela cena bizarra, concentrando-me ao redor: vi rostos que buscavam outros rostos, corpos que se prendiam a outros; a carência humana disfarçada em diversão e desdém.

Algumas pessoas, assim como eu, simplesmente bebiam uma cerveja ou conversavam com outras. Havia algum sossego no meio de tanta frustração e carência, o que me acalmou um pouco.

Mas por quanto tempo? Em breve, meus curiosos olhos percorriam o espaço em busca dos seus. Ela se abaixava e levantava da pista de dança, numa tentativa desesperada de tocar todos os corpos à sua volta, feliz com sua conquista barata. Beijava cada um, como se aqueles homens fossem frutas servidas para saciar sua fome macabra.

Se Deus estivesse presente, diria que ela estava possuída; se o diabo a encontrasse, certamente transariam cem vezes seguidas, desprovidos de vergonha ou alheios às críticas sociais. Eles apenas se possuiriam, como dois condenados à morte, que saboreiam seu ultimo filé *à parmegiana*.

Uma mão me tocou os ombros. Desviei o olhar e vi Herbert, os cabelos lambidos, o rosto corado de fisionomia infantil, os óculos grandes e o olhar sempre assustado.

Cumprimentei-o e pedi ao garçom mais duas cervejas. Bebemos e conversamos sobre qualquer coisa. Ele me chamou a atenção várias vezes:

– Cara, você nem parece que está aqui; está ausente demais!

– Estou um pouco cansado – desculpei-me.

E ele, como sempre, começou a falar sem parar, contando-me a frustração em não conseguir deixar a esposa, em saber de suas traições e sofrer.

"Pobre Herbert, tão lugar-comum e tão vítima sempre de sua vida!" A verdade é que eu não tinha mais paciência para aquele jogo de ouvi-lo chorar e se lamentar novamente. Senti a súbita e implacável necessidade de fazê-lo se calar para que eu pudesse ir embora, chegar em casa, tomar leite com biscoitos de chocolate e me enrolar numa enorme manta xadrez, enquanto assistiria aos filmes clássicos mais uma vez.

Mas como fazer um homem que sofre parar de falar? Difícil missão, talvez uma das mais complicadas da humanidade. Enquanto ele gesticulava os dedos compridos e finos e assoava o nariz num lenço listrado, desviei o olhar rapidamente e a procurei.

Agora, ela estava rindo alto, talvez até demais para alguém suportar, sentada à mesa com pelo menos seis homens. Movimentava as pernas enlouquecidas e grossas de um lado para o outro, levantando o vestido para que pudessem ser vistas.

– Ei, está em qual planeta?

Foi Herbert quem me fez voltar, enquanto recomeçava o discurso do homem traído:

– Dentro de dois dias no máximo pego minhas malas e me mudo de casa.

Ah, o pobre Herbert estava tentando ser um homem forte e queria minha aprovação. Dei-lhe um leve tapinha nas costas e pedi licença para ir ao banheiro.

O banheiro seria uma salvação, um oásis, uma redenção, mas para alcançá-lo, precisei empurrar dezenas de corpos estranhos que não se moviam para me deixar passar. Uma mulher gorda e muito maquiada derrubou, sem querer, sua cerveja em mim e pediu-me desculpas:

– Posso recompensá-lo de alguma forma? – perguntou, aproximando suas bochechas redondas, enquanto bafejava seu hálito quente em meu rosto.

Tive náuseas. Pedi licença a umas dez pessoas; tonto, recostei-me no balcão do bar. Arrastei os corpos até, finalmente, atingir meu alvo: o banheiro. Ufa!

Molhei o rosto e percebi que estava suando. Tirei o paletó e dobrei as mangas da camisa; abaixei-me para amarrar meus sapatos e lembrei-me que Herbert estaria me esperando, eufórico. Fiz daquele gesto trivial algo prazeroso e prolongado.

Levantei-me e encostei-me na parede gelada; um breve conforto se apossou de mim.

Lá fora, as vozes se tornaram histéricas: algum grupo havia chegado para tocar e a euforia se ampliava nos meus ouvidos, como se eu estivesse plugado numa guitarra furiosa, sem direito a fuga.

Um homem careca entrou e perguntou-me se eu estava bem. Sorri brevemente e, mais uma vez, molhei o rosto. Sairia de lá com calma, diria a Herbert que estava cansado, daria qualquer desculpa e voltaria para meu habitat tão cômodo e fiel.

Na saída do banheiro avistei uma loira, que deveria ter uns vinte anos no máximo, se agarrando a um homem velho e gordo.

Tentei não olhar para as pessoas, desviei os olhos o quanto pude, mas reparei na gorda, batendo palmas e cantando alto, junto ao grupo que se apresentava no palco.

Ela cruzou o seu olhar com o meu e sorriu, mostrando-me seu dente da frente quebrado.

Continuei andando e lembrei-me que meu paletó ficara no banheiro, mas não dei importância. Prossegui até chegar ao Herbert e às suas confissões ininterruptas e chatas.

– Preciso ir – disse-lhe rapidamente.

Ele contestou e levei mais um bom tempo para convencê-lo de que minha dor de cabeça imaginária era real.

– Mas o que eu faço? – ainda me disse, aflito, enquanto eu perseguia a porta de saída com o olhar.

– Apenas faça – respondi e caminhei até a porta sem olhar para trás.

Ela estava lá fora. Entrara em um carro com alguns estranhos e gritava euforicamente, deixando cair bebida em seu corpo. Segurava os sapatos vermelhos nas mãos e consegui reparar em suas unhas pintadas com desenhos infantis. Quanta contradição: flores desenhadas nas mãos daquela mulher!

Fiquei aguardando o manobrista trazer o meu carro. Comecei a sentir frio e olhei no relógio várias vezes. Por algum motivo, ele havia parado, de repente.

Entrei em meu carro, perseguido pela risada dela. Ainda a vi com os pés para fora da janela do outro veículo esporte, gargalhando, antes que partisse em alta velocidade.

Respirei. Enfim, ela estava longe, fazendo qualquer coisa, em qualquer lugar, com quaisquer pessoas. Ao vê-la se distanciando, meu corpo foi preenchido de um alívio imediato.

Liguei o carro ao ouvir que buzinavam para mim.

– Ei, cara, sai da frente!

Não me lembro se corri ou se dirigi devagar, mas o relógio continuava parado e eu precisava saber as horas: "Maldito tempo, que insiste em não passar!"

Finalmente, cheguei em casa, corri para o relógio da cozinha. Não era possível! Estava marcando dez horas e trinta minutos, o mesmo horário de quando eu havia saído de casa.

Maldição! Lembrei-me dela e, por algum motivo, imaginei-a enlouquecida, dançando nua em cima de um gigantesco relógio, enquanto homens sedentos se faziam de ponteiros aflitos e desenfreados.

O celular! Corri e peguei-o em cima da mesa da cozinha, pois nunca o carregava comigo. Enfim, as horas: três horas e quarenta e cinco minutos da manhã.

Um filme de Betty Davis me esperava. A manta já estava quente e uma pipoca foi a minha companhia fiel, enquanto assistia, mais uma vez, a um de meus clássicos prediletos.

Mas Betty Davis tinha olhos grandes demais para que eu não desviasse a atenção da tela com frequência e me lembrasse dos da estranha e estúpida mulher do bar, que eram saltados.

Qual era a cor deles? Não conseguia me recordar e, pensando nisso, enquanto Betty Davis sorria na tela de plasma, com seus olhos azuis em branco e preto, finalmente adormeci.

2

Ser um contador de uma empresa de advocacia é tarefa perfeita para mim: sempre gostei mais de números do que de pessoas. Sim, os números possuem uma lógica, são objetivos e fiéis, nunca traiçoeiros.

Na minha sala, um pouco clara demais, eu mexia nos papéis e calculava, aumentava, subtraía, finalizava.

Lá fora havia outro mundo, com advogados impetuosos, andando de um lado a outro. Vi Carl, o diretor da empresa, enquanto sorria para todos e esticava o enorme pescoço gordo observando tudo à sua volta. Ele me fez um sinal de "oi", gesticulando a cabeça, mas não senti vontade de responder; voltei aos números.

Herbert entrou na minha sala, assustado. Fechou a porta, sentou-se e me fitou, como se estivesse suplicando algo em silêncio. A pausa estava longa demais. Resolvi dizer qualquer coisa:

– Algum caso difícil no tribunal?

Mas ele prosseguiu me fitando e caiu num choro compulsivo e histérico, que tornou seu rosto ainda mais vermelho, fazendo as veias do pescoço saltarem para fora.

– Briguei de novo com Sarah e, dessa vez, tive coragem para lhe dizer boas verdades. Mas pus tudo a perder, pois na hora em que ela me pediu para sair, ajoelhei-me aos seus pés e não consegui me mover.

Herbert era estranho. Primeiro, porque tinha essas atitudes sinistras; depois, porque confiava a mim sua vida, sem que eu ao menos entendesse exatamente o porquê. Mas como fora escolha sua essa parceria, deixei que se aproximasse e me visse como amigo, pois para mim tanto fazia: se ele assim o queria, tudo bem.

– Não consigo deixá-la, não posso – chorava um Herbert comovido e pálido.

– Se não consegue deixá-la, qual é o motivo do choro e de tanto desespero? Fique com ela, e pare com essa complicação emocional toda – sugeri, incrédulo.

Argumentou que dentro dele morava o vazio e a dor e, algum dia, ainda faria uma besteira. Acrescentou que tinha uma arma e que se a esposa não o amasse de novo, acabaria com a vida dela e a dele em seguida.

– Mas, por quê? – perguntei-lhe, enquanto terminava um último cálculo.

— Como assim, por quê? — e os seus olhos se esbugalharam e lacrimejaram mais uma vez.

Fez, então, um novo sermão sobre o amor, a dor, a traição e a desilusão e disse-me que o ditado popular que diz que "o amor não mata" é pura farsa.

— Estou enlouquecendo, Marcel! Chego a sonhar com o rosto do amante de Sarah! — E, num ato de desespero, segurou-me pela gola — o que me incomodou um pouco — e pediu-me ajuda: — Por favor, Marcel! Você é meu melhor amigo.

Eu era o melhor amigo de Herbert, porque assim ele o queria, e um amigo fiel deveria ser corajoso, forte e protetor, coisas que não me diziam nada. Aliás, o seu tom áspero e perturbado começava, mais uma vez, a me incomodar.

— O que quer que eu faça? — perguntei-lhe, tentando consertar mais um relógio em meu pulso, que teimava em não funcionar.

— Quero que me ajude, não sei se teria coragem de tirar a minha própria vida... Mas você, Marcel, pode; basta apertar o gatilho e "*bum* ", eu já era.

— Não sinto vontade de matar você, Herbert — disse-lhe, irritado com ele e, mais ainda, com o relógio que permanecia estático.

Mudei de assunto contando-lhe que as horas estavam parando para mim, mas ele não quis me ouvir.

— Se existe alguém capaz de me ajudar, esse alguém é você. Posso lhe dar dinheiro pra isso, muito dinheiro.

Pensei por um momento na proposta, mas a ideia de ter muito dinheiro não me era satisfatória e nem entendia por que as pessoas almejavam tanto isso.

— Está bem, Herbert. Vou pensar na sua proposta — respondi, só para tê-lo fora de meu escritório e poder voltar ao trabalho.

Herbert coçou a cabeça de uma forma estranha e saiu batendo a porta.

Pensei no desespero daquele homem, mas aquilo tudo parecia muito mais complicado de entender do que os complexos cálculos que me esperavam na mesa.

E antes de voltar a eles, lembrei-me da mulher do bar. Não sei por quê, mas fiquei pensando nela por alguns segundos e, finalmente, voltei ao trabalho.

O tempo passou, mas sem que eu soubesse quanto. Precisei sair da sala para perguntar as horas, pois até o relógio da parede estava quebrado.

Abordei Anita, a secretária que, na verdade, era uma espécie de "faz tudo", na empresa.

– São vinte horas – respondeu-me com educação.

Eu estava trabalhando por quase duas horas a mais além de meu expediente e nem notara.

– O tempo passa rápido, não é? – perguntou-me sorrindo

Concordei, mas na verdade, achava o contrário.

Ela me convidou para tomar um café. Aceitei porque estava cansado e não tinha nada importante a fazer.

Fomos a um pequeno bistrô e nos sentamos numa mesa minúscula, debaixo da qual nossas pernas mal podiam se estender direito.

Anita tinha cabelos curtos e castanhos, grandes olhos azuis. Lembrei-me de Betty Davis.

– A minha atriz preferida tem os seus olhos – comentei.

Achei engraçado quando ela me perguntou se essa atriz era a Nicole Kidman. Eu não gostava dessa geração de atrizes e quase nunca conseguia assistir a um filme inteiro delas.

Anita tinha vinte e cinco anos e me contou sua vida:

– Saí cedo de casa e moro sozinha com meu gato. Mas confesso que com meu salário, mal consigo pagar as despesas. Como secretaria bilíngue, acho que deveria ganhar mais, sabe? –

desabafou. — Além disso, é humilhante para mim ser alvo de tanto assédio sexual por parte dos homens, no trabalho.

Algo me agradou nela: talvez a forma sincera e calma como dizia e contava a sua vida, sem precisar extravasar ou dramatizar; talvez apenas os grandes olhos azuis.

— Quer ir em casa? — o desejo de conversar com ela por mais tempo me fez pronunciar esse convite.

Ela aceitou. Contei-lhe do meu desespero com os relógios, enquanto andávamos pelas ruas estreitas e não entendi por que riu. As ruas de Emit eram compridas e acolhedoras, e a cidade tinha um aspecto jovial, incrustado em casaca velha. O ar era demasiado forte, o vento que soprava ajudava a afugentar o calor exacerbado e o cheiro de mar conspirava a todo vapor.

— Gosto de observar os golfinhos saltitantes — disse-me, enquanto andávamos pela beira da praia.

— Dei-me conta de que nunca os havia notado de fato e resolvi observá-los. Realmente, tinham seu fascínio: eram livres e faziam manobras interessantes.

Reparei em um golfinho fazendo movimentos desconcertados e, subitamente, assaltou-me à mente a imagem da repulsiva mulher do bar dançando na pista de dança.

Ao chegar em casa, fiz uma pipoca e coloquei um *CD* de Billy Hollyday. Sentamo-nos no sofá.

Anita me contou que tinha sérios problemas emocionais, era usuária de antidepressivos e culpava o pai e o ambiente familiar por seu estado "depressivo".

— O que seu pai tem a ver com isso tudo? — Lembrei-me de Herbert, atordoado por causa da esposa e indagações criaram-se em minha mente: "Pessoas culpam outras por suas neuroses e histerias". Estranha humanidade, que, um dia, eu entenderia, mas talvez nunca.

Mas eu não queria saber de estados clínicos e familiares. Anita abriu dois botões da blusa branca e senti desejo por ela. Nada que eu não pudesse controlar: afinal, nunca tivera ímpetos sexuais aguçados e isso fazia sentir-me bem, no controle de minhas emoções. Jamais fora escravo de paixões fulminantes e desejos incontroláveis, por isso, pessoas como Herbert causavam-me tamanha indignação e curiosidade.

Entretanto, naquele momento olhei os seios de Anita se revelando entre a blusa branca e notei que apreciava meu olhar sobre eles. Pensei em falar sobre o trabalho na firma, ou qualquer coisa que não me impusesse o indesejável momento de ter que levá-la à cama.

– O que acha de Herbert, Anita?

Ela me olhou confusa e disse-me que o achava estranho, o tipo de sujeito quieto demais. Imaginava-o tendo explosões de ira a qualquer momento.

– Sabe, Marcel, essas pessoas muito quietas e antissociais, quando explodem, são capazes de qualquer coisa. Imagine só o que ele não deve ter repreendido por anos?

– Como assim, Anita? – confesso que não entendi, mas fiquei curioso. – Na verdade, vejo-o como um sujeito normal, que sofre por uma esposa que o trai, mas o porquê de tanto sofrimento, isso já não consigo entender.

– Você a conhece? – perguntou uma Anita curiosa. – Pois eu daria tudo para conhecê-la.

– Eu a vi uma única vez: é bonita o suficiente, nada demais, mas nunca conversei com ela, nem sinto vontade. Me parece o tipo comum de mulher, um tanto vulgar e exibida demais para o meu gosto.

– E qual é o seu tipo de mulher? – ela, agora, se aproximava de mim.

– Você é o meu tipo de mulher, pois é discreta, objetiva, diz o que precisa dizer e não fica insinuando ser uma necessitada e carente.

Anita riu e fui buscar mais suco de laranja. Vi-a retirando alguns comprimidos da bolsa e tomá-los todos, mesmo antes de eu trazer o suco. Não comentei nada, não cabia a mim esses assuntos.

Perguntou-me se tinha álcool, "só um pouquinho", justificou, para dar um barato que não sentia faz tempo.

Disse-lhe que não tinha e ela respondeu que tudo bem.

– Sinto-me lisonjeada por você se sentir atraído por mim. – Fitou-me com curiosidade.

– E por quê? – de fato, não entendi.

– Ah, Marcel, todos na firma dizem que você é ...você sabe...

– Não, não sei, o que dizem?

– Dizem que você não gosta das mulheres, que prefere a companhia dos homens e que esses lhe dão prazer.

Eu sorri porque achei engraçada a afirmação. Na verdade, nunca havia pensado nisso.

– Puxa, quanta coisa devem dizer pelas minhas costas! Mas já que estamos abrindo o jogo, posso lhe garantir que nunca tive desejo por homem algum, tampouco desejo em especial por alguma mulher.

– Como é que é? – ela parecia exuberantemente curiosa.

– Sim, o sexo não significa absolutamente nada para mim; poderia ficar sem ele por uma vida toda. Não entendo essa mania das pessoas em querer prazeres carnais e fazer disso um estilo de vida; chego a me sentir incomodado quando penso nisso.

Anita empalideceu, como se eu estivesse dizendo que matei alguém, ou que uma bomba estava preste a explodir.

– Nunca conheci alguém como você, Marcel. Geralmente, os homens que conheço são super vidrados em sexo e não conseguem enxergar em mim além de um par de seios ou pernas. Alguns me usam e me prometem o mundo e, no dia seguinte, acordo sozinha na cama, constatando que fui enganada por mais um aproveitador. Carl, o nosso diretor...

– Você e Carl? – confesso ter ficado um pouco apreensivo, imaginando Anita deitada com o enorme e engordurado Carl.

– Não, não é nada disso. Ele tenta, incansavelmente, me faz convites, me envia flores e presentes e devolvo-os todos. O safado é casado e trai a esposa com quase todas as mulheres da empresa e ainda se gaba disso. Acho que sou a única lá dentro que não cede aos presentes dele. Carl é o típico homem que precisa comprar mulheres e eu estou fora! Mas venho sentindo que, quanto mais recuo, mais ele se aproxima, inconformado com a minha rejeição.

Encostou a cabeça no sofá e cantarolou:

– *"I see your face in every flowers"*. Gostei desta musica, ela será nossa, Marcel!!

Eu disse que sim; se assim ela o desejava, que fosse a nossa música, então.

Anita me puxou do sofá e me fez dançar com ela, ao som da Billy. Éramos dois confidentes e eu estava gostando dela. Sim, era uma boa companhia e não julgava o meu jeito de ser; com ela eu podia dizer tudo e isso me fez bem.

Fiquei cansado enquanto dançávamos e pedi para parar, até porque os seus seios me tocavam. Ao sentir o seu corpo, um pouco quente demais, fui invadido por uma náusea desconfortável.

Ela obedeceu, jogando-se no sofá com displicência.

– Gosto de você, Marcel. Sabe que olho com admiração para você há tempos?

– Você conseguiria morar com um homem que não faz sexo? – indaguei.

– Sexo é o de menos – respondeu, com um sorriso. – Mas você é virgem?

Contei-lhe que já tivera algum contato mais próximo na adolescência, mas que nunca havia, de fato, possuído uma mulher. Ela não se alterou, como faziam os poucos homens para quem eu havia contado isso, dizendo-me que estava perdendo o "melhor da festa".

Como de certa forma ela parecia me idolatrar, considerei que poderia ser uma boa companhia. Propus-lhe morar comigo, o que a fez corar e pular de alegria. Em resposta, abraçou-me com vigor, mas logo percebeu que deveria se afastar.

E assim selamos o nosso pacto: eu não diria absolutamente nada sobre seus comprimidos e álcool e ela não me cobraria sexo. Aquilo me pareceu perfeito e aceitável.

3

Era uma manhã de sábado e dormíamos, eu e Anita, e o gato dela ao chão.

O telefone tocou. Por força do hábito, olhei as horas, mas novamente um novo relógio estava quebrado; parecia uma maldição!

Olhei para o relógio de Anita: eram seis horas da manhã. Localizado no tempo, atendi o telefone.

Era Herbert. Estava animado e com a voz de um menino que acabara de ganhar um doce.

– Escute-me, Marcel, ontem fiz as pazes com Sarah. Jantamos e conversamos, até risada demos, foi maravilhoso. Prometeu se comportar e disse que me amava – ele enfatizou o "amava" como se fosse ter um colapso nervoso. – A questão é: eu prometi a ela que seria menos exigente, menos ciumento e acho que posso tê-la de volta se souber me comportar diretinho. Afinal, sou eu o culpado pelas suas traições; ela me fez perceber isso.

Eu disse "OK" e lhe perguntei se queria mais alguma coisa.

– Sim, quero que você e Anita venham jantar conosco hoje. Será uma confraternização, uma união de casais amigos, será perfeito.

"Perfeito", pensei. "Se assim ele quer, OK!" Confirmei e senti repulsa a Herbert, pobre dele. Mas eu estaria lá às dezenove horas em ponto; afinal, éramos amigos!

Anita me informava as horas o tempo todo, incumbida por mim dessa missão, pois eu estava quase desistindo de comprar novos relógios ou levá-los ao conserto.

Colocou um vestido azul florido e um chapéu, sandálias de dedo e um colar com pequeninas pérolas brancas. Achei-a bonita e beijei-lhe o rosto, gesto que a fez corar.

Enquanto ela calçava a sandália do pé direito, pensei que talvez pudesse me considerar com alguma sorte, por eu ser um homem de quarenta e cinco anos vivendo com uma mulher de vinte e cinco, que conversava comigo até eu adormecer e ainda tinha os olhos de Betty Davis.

Vesti-me rapidamente, da forma mais casual possível, e seguimos à casa de Herbert.

Sarah abriu a porta sorrindo. Vestia um vestido bem decotado e usava saltos altos, tinha os olhos pintados de preto e bastante coloração rosa no rosto. Pareceu-me uma boneca sinistra, porém bela.

Senti vontade de rir ao ver Herbert usando um paletó e com o cabelo lambido, agora dividido em partes. Seus óculos haviam sido mudados para um estilo mais moderno. Ele sorria e não parava de falar.

Enquanto Anita ajudava Sarah na cozinha, Herbert me puxou para perto dele.

– Meu amigo, as coisas estão 'quentes", posso te garantir. Ontem, fizemos amor de forma inefável, admirável, foi lindo!

Não consegui evitar sentir nojo da lágrima que escorria pelos cantos de seus olhos. Dei-lhe o meu cordial tapinha nas costas.

Ele me perguntou de Anita, se o sexo era bom e eu repeti pela milésima vez que sexo não me interessava.

– No dia que você fizer, não vai parar mais – sorriu com seus dentes amarelados de cigarro.

Observei que as mulheres colocavam seis pratos na mesa, o que me causou estranhamento.

– Quem mais vem, Herbert?

– Resolvi convidar o Carl e sua esposa. Precisamos nos aproximar do chefão – e voltou a sorrir de forma estúpida.

"Essa não", pensei. Eu seria capaz de aguentar as idiotices de Herbert, mas Carl, o diretor gordo e fétido, já seria demais.

Pensei em alguma desculpa para ir embora, mas nada me ocorreu no momento.

Estávamos os quatro sentados e conversando. Sarah contava sobre a sua nova coleção de quadros e Anita, de fato, se interessava, perguntando sobre cores, tintas, e confessando ser uma artista frustrada. Combinaram, então, que ela teria aulas com Sarah e não entendi por que Anita me pediu permissão para isso. Disse que, obviamente, se ela quisesse, tudo bem para mim.

A campainha tocou e Sarah se levantou, ajeitando os cabelos aloirados. Andou até a porta e ouvi-a dizendo:

– Carl, querido, como vai? Cadê a sua adorável esposa?

– Sarah, minha deusa, ela está doente e pediu desculpas. Então, resolvi trazer uma amiga, se não se importar.

– Claro que não, entrem e fiquem à vontade.

Carl avançou até nós e forçou um sorriso na nossa direção, enquanto a sua acompanhante, que, até então, estava ainda no carro, entrava e pedia desculpas pela demora.

– Sinto muito, meu sapato não queria entrar – e ela gargalhou de forma histérica.

Foi quando a reconheci: a mulher do bar, a bruxa insana e patética estava ali, na minha frente e isso, definitivamente, eu não iria suportar.

– Prazer a todos, meu nome é Gilda.

Ouvir o seu nome me incomodou mais ainda e senti que precisava de ar. O nome Gilda pertencia a Rita Hayworth, uma mulher magnífica, uma diva do cinema clássico. Como essa mulher ousava se apoderar do que não lhe dizia respeito? Suspirei e acendi um cigarro de Herbert, que me olhou assustado – afinal, eu não fumava.

Gilda tinha os olhos castanhos – agora era possível notar – e as unhas pintadas de um vermelho intenso e fútil, o vestido colado ao corpo, os cabelos negros presos a um coque e a expressão de quem é poderosa faziam dela um quadro falsificado de Picasso: quase perfeito à primeira vista, mas inundado de contradições e arte barata.

Tomamos vinho e jantamos torta de frango com salada. Anita conversava animadamente com Sarah e Gilda e eu permanecia quieto.

Gilda me olhou e disse:

– Não nos conhecemos de algum lugar?

Rapidamente respondi que não, com certeza não.

Ela sorriu e piscou para Carl, enquanto ele lhe dava tapinhas na bochecha.

A cena toda era repugnante demais. Fui ao banheiro e molhei o rosto; aquele pesadelo precisaria acabar. Encostei-me na parede e fiquei ouvindo a conversa se desenrolando na sala de estar. As paredes me protegiam e me punham a salvo de estar com essa gente tão insensata.

Anita explicava a Gilda e Sarah:

– Ah, o Marcel é quieto por natureza. Ele deve ter uma espécie de fobia social, por isso age dessa maneira.

As mulheres apenas disseram:

– Coitado!

Saí do banheiro e juntei-me aos homens. Mas, antes disso, meu olhar se cruzou com o de Gilda e o pior aconteceu. Ela me segurou e disse quase gritando:

– O Tony's!

– O quê? – repliquei, com desdém.

– Foi lá que te vi, você estava sentado, tomando uma cerveja.

Aproximando-se, Herbert entrou na conversa:

– Sim, é possível; semana passada eu e ele estivemos lá.

Pedi licença e sentei-me ao lado de Carl, que fumava um charuto fedorento e exibia sua enorme barriga.

Ele me deu os parabéns por ter "pescado" Anita e começou a discursar sobre as mulheres da empresa, contando detalhes sexuais de cada uma. Disse-me estar numa fase ativa e confidenciou num tom mais baixo:

– Gilda é, de fato, a melhor mulher que já tive na cama.

– Onde a conheceu? – fingi interesse.

– Gilda? Ela andava na praia com aquele biquíni minúsculo e eu estava de carro. Obviamente logo parei, pois os hormônios não têm freios, meu amigo – soltou uma risada espalhafatosa. – Corri até ela e me apresentei, fazendo o tipo executivo sério, que tem problemas com a esposa e...

– E você tem?

– O quê?

– Problemas com sua esposa?

– Ah, caro Marcel, minha esposa é uma linda mulher, adorável, mas um homem precisa *diversificar* (falou a palavra de maneira arrastada, para enfatizá-la). Então, voltando à Gilda: ela é insaciável, meu amigo! Fomos ao motel e ela não queria parar, a mulher é um furacão, é movida a sexo; creio que precisarei comprar Viagra, desse jeito. – E soltou uma baforada em minha cara, enquanto ria, se gabando.

– Mas venha cá, e Anita, hein? – deu-me um tapa nos ombros e recuei.

– O que tem ela?

– Como assim, *o que tem ela*? Ela tem vinte e cinco anos e lindos olhos azuis. E me parece ser o tipo recatada na rua, mas saidinha na cama, estou certo? – E olhou-me com os enormes olhos esbugalhados e sedentos por detalhes.

Pensei por alguns segundos. Eu tinha duas opções: dizer-lhe a verdade ou entrar no seu jogo e contar histórias sexuais incríveis de Anita. A segunda opção me pareceu mais engraçada e apropriada.

Contei-lhe, então, detalhes de Anita, mentiras que me deram um certo prazer; fiz dela a maior prostituta, querendo, de certa forma, mostrar vantagem sobre Gilda.

Carl ria e se curvava para trás, fazendo caretas de desejo e limpando a saliva, que escorria entre os lábios.

– Parabéns, cara! Peço perdão por ter achado que fosse homossexual. Prometo desmentir essa calúnia para todos da empresa. Vou até convidá-lo para alguns "passeios" divertidos, coisas de homens.

– Por que não? – respondi.

Observei que uma música lenta tornava o ambiente mais nefasto e patético. Herbert dançava com Sarah e piscou para mim.

Gilda aproximou-se de Carl, debruçou-se sobre ele, revelando ainda mais o seu decote e puxou-o para dançar.

Anita correu ao meu lado, indignada:

– Carl é nojento, asqueroso e não tem moral alguma! Como pode trazer uma das amantes assim, na cara de pau? – Estava realmente transtornada.

Em momento algum a questão da moral havia passado pela minha mente. Eu não considerava imorais os atos de Carl; apenas achava-os desagradáveis.

Anita encostou a cabeça em meu colo e pediu carinho. Passei a mão em seus cabelos curtos e, pela primeira vez, senti a sua maciez, mas logo me incomodou a situação e a retirei, dizendo a ela que deveríamos ir embora.

Mas a música estava rápida agora e, antes que ela pudesse responder, Sarah a puxou e as duas começaram a dançar na sala, de encontro à Gilda, que requebrava o corpo em frenesi.

Gilda...

Fixei o olhar nela e pareceu-me que o mundo ao redor parou. Uma espécie de corrente magnética me fez observar cada movimento seu: o modo como dobrava as mãos, como empinava o quadril, o pescoço que ora ficava à mostra, ora encontrava os cabelos cacheados e negros, a boca vermelha, os olhos castanhos enormes, as unhas pintadas e uma risada que deveria ser proibida por lei.

– Ei, novamente em outro planeta? – era Herbert que me acordava, e lhe agradeci em pensamento.

Disse-lhe que as dores de cabeça estavam cada vez piores e, infelizmente, teria de ir embora.

Sarah se aproximou e ao me ouvir, logo foi buscar uma aspirina, o que me deixou extremamente irritado.

Engoli o comprimido à força, ouvindo Herbert elogiar a mulher e dizendo ser o homem mais feliz do mundo. Depois, avistei Carl apertando a bunda de Gilda e dançando ridiculamente entre ela e Anita.

Percebi que Anita queria sair de lá, mas Carl a puxava e tentava se encostar nas duas mulheres ao mesmo tempo, deixando-a aflita. Eu a ouvi me chamando, mas não estava com a menor vontade de dançar, além de não saber fazê-lo; então, continuei conversando com Herbert e Sarah.

Mas um grito fez tudo parar e, logo em seguida, Anita deu um tapa no rosto de Carl e, chorando, correu para meu colo.

– Vamos embora, agora mesmo! – pediu.

"Ah, bom Deus", pensei. "Finalmente, um incidente para eu poder sair daqui e voltar aos meus filmes clássicos".

Já em casa, Anita me olhou com fúria e disse:

– Por que não me defendeu? Você viu que ele estava tentando se aproveitar de mim e nada fez! O desgraçado passou a mão em minha bunda; custava ter me defendido?

Disse-lhe que estava conversando com Herbert e não percebera, mas o fato é que eu havia visto, sim, mas não sentira absolutamente nada e não entendia por que deveria fazer algo contra a minha vontade.

– Não sente nem um pouco de ciúmes de mim? – indagou Anita, enquanto engolia uns dez comprimidos com um gole de martíni.

– Não, não sinto, deveria? – respondi com sinceridade absoluta.

Ela jogou-se ao chão chorando; depois, ao perceber que eu não iria retribuir à dramaticidade da cena, foi se deitar.

Sozinho com meu edredon xadrez e um gato chamado Edgar, "o intruso", deitei-me confortavelmente no sofá a fim de rever 'E o vento levou', mas um impulso desconhecido me levou a assistir a "Gilda" e adormeci ao som de "Put the Blame on Mame, Boy"

4

Anita e eu estávamos juntos havia seis meses e nunca mais vi Gilda: minhas preces haviam funcionado! Soube, no entanto, que ela e Carl tinham terminado e ele andava um tanto desolado com isso.

Anita estava cada dia mais magra e abatida. Suas refeições eram remédios, álcool e, agora, um pouco de cocaína toda noite.

Naquela noite de domingo, algo inusitado aconteceu. Por algum motivo incompreensível, Anita mostrou-se infiel a seus princípios, ao quebrar um pacto harmonioso estabelecido entre nós.

Chegou em casa e não me cumprimentou, jogou-se no sofá, ao meu lado, e colocou de propósito suas pernas em cima de mim, atitude que me fazia sentir mal.

Caminhou até a mesinha, no canto da sala e espalhou o pó branco pela narina, aspirando-o com sofreguidão. Olhou-me com raiva e tomou um gole no martíni de todos os dias e noites.

Encarou-me por alguns segundos e tirou a blusa, mostrando-me os seios miúdos e empinados, e, em seguida, a calça. Iniciou uma dança estranha, ao mesmo tempo que ameaçava tirar a calcinha, sorrindo para mim enquanto chorava.

Ao se virar, mostrou-me a parte de trás de uma calcinha vermelha, que apenas possuía um fio e retirou-a com força, jogando-a contra mim (empurrei-a para dentro do sofá).

Anita me olhava com aquele olhar enigmático e suas lágrimas aumentaram. Mexeu nos pelos pubianos e notei que eram muitos. Ela tinha um corpo bonito, sem dúvida.

Ajoelhou-se, como se fosse rezar e abriu as minhas calças, tentando engolir o meu membro. Nesse momento, abismado, empurrei-a para longe.

– O que deu em você? – perguntei com calma.

Desabando em pranto, gritou:

– Hoje eu entreguei o meu corpo a um homem; um desconhecido, que dividiu uma boa droga comigo e transamos tanto, que jurei estar no paraíso.

– Tudo bem – respondi. – Não me importo; se isso te faz feliz, tudo bem.

Mas as minhas palavras só fizeram piorar a situação. Ela virou uma loba no cio, enfurecida. Corria nua pelo chão, tentando encontrar algo que eu não entendia o que era.

Agarrou-se a mim e prosseguiu:

– O mais irônico é que o homem que me comeu não tinha nome, idade ou endereço. E o pior de tudo é que, enquanto ele me penetrava, eu imaginava você, dentro de mim, me desejando, de todas as formas possíveis. Como se eu fosse a única mulher do mundo e você, uma espécie de monstro comedor, que reduz tudo a sangue e ódio, mas sabe dar prazer.

– Você está louca; são os remédios? – foi o que consegui dizer.

Ela sentou-se ao chão, cobriu-se com uma manta, mas, depois, jogou-a longe.

– O que estou querendo dizer, senhor Marcel, é que transei com outro homem pensando em você, porque era quem eu queria ali, dentro de mim, me desejando, me sugando, implorando por mais. Isso tudo porque te amo e te desejo de uma forma que nunca senti por outra pessoa, isso tudo porque ...

Eu a interrompi, levemente irritado:

– Anita, está estragando algo que foi compactuado entre nós. Sempre fui sincero com você, desde o primeiro encontro; o sexo não me agrada, o que não quer dizer que não goste de você.

Chorando, prosseguiu:

– ... quando deito ao seu lado e você, sem querer, se encosta em mim, eu me toco imediatamente, num misto de dor e prazer. Mas...eu amo um homem incapaz de sentir prazer, afeto, alegria ou tristeza. Estou amando a pessoa mais fria e morta que já conheci em toda a minha vida!

Anita, então, abriu as pernas e começou a se tocar de forma rápida, enquanto chorava e gritava, gemia e me olhava com súplica.

Em seguida, levantou-se, vestiu-se e partiu. Mas não sem antes arremessar com raiva uma garrafa de uísque na minha direção. Os estilhaços penetraram em minhas mãos, enquanto sangue e líquido da bebida se misturavam.

– Tente, ao menos, sentir a dor dos cortes...

Mas apesar de estar sangrando e com cortes profundos, não senti assim tanta dor – nada que não pudesse cicatrizar em alguns dias.

5

"A vida é um incômodo, por si só" – disse a mim mesmo, enquanto calculava operações e mais operações numéricas e tentava entender um novo relógio de parede – estático.

Carl entrou em minha sala dizendo-me que Anita havia sumido.

– Sabe algo dela? – perguntou.

– Não, apenas discutimos. Deve estar dando um tempo no trabalho.

Ele sentou-se espaçosamente na cadeira à minha frente, fitou-me com ar de espanto, olhou ao redor para averiguar se não havia ninguém por perto e sussurrou:

– Preciso da sua ajuda, Marcel. Você é um homem inteligente, talvez o mais inteligente que conheci.

– Obrigado, Carl – senti-me lisonjeado.

– Estou ficando louco sem Gilda. A vida me pregou uma peça, me deixou numa encruzilhada: eu, que sempre tive as mulheres que quis, hoje só quero uma e ela não me quer.

– E o que posso fazer, Carl?

– Quero que a siga, quero me relate tudo sobre ela: o que faz, onde está, com quem está. Estou enlouquecendo!

Sorri para ele e perguntei-lhe se eu tinha cara de detetive particular.

– Eu não confio em detetives. Mas em você, sim. E posso te pagar muito bem por isso!

Pedi um tempo para pensar.

– Volto no final do expediente – disse-me, agitado.

Lembrei-me da mulherzinha repugnante e convencida e pensei na proposta de Carl. Por algum motivo, me fez encarar como uma atividade extra – como um hobby, algo que pudesse me tirar da rotina –; talvez fosse divertido, talvez fosse constrangedor observar essa mulher, mas eu daria uma chance ao destino. Afinal, não estava fazendo nada, além de assistir aos meus clássicos todos os dias.

– Vou fazer isso por você por apenas uma semana e nem um dia a mais – respondi a Carl.

Ele concordou, me abraçando como se fosse um urso enorme e frágil. Passou-me todo o seu histórico, os locais que ela frequentava, onde morava, o seu trabalho em uma corretora de imóveis.

Iniciaria o meu "trabalho" extra após os últimos cálculos de fechamento da empresa. Quando Carl saiu aliviado da sala, senti uma espécie de corrente elétrica, breve e fugaz. Percebi, imediatamente, através do grande vidro de minha sala, que havia um gigantesco relógio do outro lado da sala. Só que, desta vez, esse funcionava.

6

"*Blue room*, dia um ", murmurei mentalmente, fazendo um trocadilho com o nome da boate. Encostei meu carro e enfrentei a fila gigantesca e animada "demais" na porta daquele lugar sombrio.

Reparei nas mulheres exageradamente maquiadas e nos homens com ternos elegantes, grupos que conversavam e riam, distraídos.

Uma mulher loira, alta, se aproximou de mim:
– Oi, me chamo Wal.
"Nome estranho", pensei.
– Ei, cara, se quiser entrar, terá de arrumar uma acompanhante, sacou?
"*Sacou*. Sem comentários para a expressão da jovem estranha". Mas não entendi e perguntei-lhe por quê.
– Esta é uma casa de *swing* e homem sozinho não entra. – Olhou para mim e me propôs: – Sou prostituta e terei o prazer de acompanhá-lo por algumas notinhas verdes.

Concordei e disse-lhe que nada de sexo. Ela me olhou sem acreditar e anuiu.

O ambiente era escuro, havia o mínimo de iluminação necessária para que eu pudesse ver coisas indesejáveis, como o agrupamento de casais que conversavam e bebiam champanhe, discutindo possíveis trocas e favores sexuais, como se estivessem conversando sobre a mudança de uma roupa. Mas, ali, tudo que se trocavam e tocavam eram corpos; não existiam nomes, profissões, pessoas.

Wal segurou firme em minha mão e lhe contei que estava buscando Gilda, mostrei sua foto e pedi para que ficasse atenta.

Sentamo-nos na mesa e ela pediu uma garrafa de champanhe, sorrindo para mim, como quem diz "você paga". Não me importei; afinal, fazia parte de sua profissão e isso não me incomodava.

Contou-me que estava "nas ruas" havia oito anos, desde que fora espancada pelo ex-marido e fugira com a filha pequena.

– No começo tinha nojo do que fazia, mas com o tempo acabei me acostumando e aprendi até a curtir.

Perguntei-lhe a razão. Sorriu e disse que se tivesse pensado nisso há mais tempo, já estaria milionária, pois dormira de graça com vários homens.

– Quantos? – quis saber.

– Ah, é impossível de lembrar – fechou os olhos, num esforço, mas desistiu. – Uma média de cinco clientes por dia, algo assim.

Gostei de Wal e perguntei-lhe se gostaria de morar comigo. Justifiquei a minha vontade de uma companhia que pudesse conversar comigo e não me criticar.

Ela riu alto e passou as mãos em meus cabelos. Sorrindo, respondeu-me:

– Para morar com qualquer homem, só se tivesse o conforto de uma rainha!

Entendi a sua colocação, achando-a lógica e plausível. Por isso, não questionei e nem me senti aborrecido.

Conversávamos, enquanto ambos buscávamos Gilda com o olhar, mas estava difícil de encontrá-la no meio de tanta gente agrupada.

Wal, então, puxou-me pela mão:

– Siga-me. Talvez possamos vê-la na outra área.

Atravessamos a pesada porta da boate e chegamos a um lugar onde havia compartimentos com buracos. Wal olhava e ria e pediu-me para ver. Coloquei o rosto e vi dois casais que trocavam de parceiros o tempo todo, excitados com os olhares estranhos de que eram alvo.

Continuamos seguindo pelo labirinto e examinamos as várias cabines: lésbicas faziam shows; mulheres sozinhas aguardavam, enquanto filas de homens eram feitas para que as possuíssem.

Ao chegarmos a uma enorme sala escura, onde nada se via, segurei a mão de Wal com mais força. Ela riu, ao perceber o meu incômodo com mãos que me tocavam, enquanto ouvíamos mulheres gemendo alto e gritando por mais. Uma mão feminina me tocou e apertou a minha coxa; segurei-a com firmeza, afastando-a rapidamente.

Saímos da sala escura e entramos em outra sala, um pouco menor, mas grande o suficiente para acomodar duas camas de casal e um amontoado de gente, que se revezava nelas.

Uma mulher de uns quarenta e cinco anos esperava com as pernas abertas os vários homens que se aproximavam e se saciavam em seu corpo. Olhei curioso para ela, que sorriu para mim, chamando-me para perto. Senti-me arrepiar, enquanto um nojo incontrolável tomou conta de mim. Com falta de ar, deixei a sala, perdendo Wal de vista.

Atravessei a multidão e consegui retroceder até a porta, abrindo-a, Corri até o bar, onde pedi uma cerveja. Mulheres sem calcinha dançavam em cima do balcão e grandalhões as protegiam, quando alguns chegavam perto.

Tentei não olhar para nada, direcionei meu olhar para a mesa do bar e a cerveja, e assim permaneci. Senti uma mão me puxar e me virei.

– Venha, eu a encontrei – era Wal, afoita. – Ela está em uma das cabines com três ou quatro homens.

Voltamos para o inferno. Ao olhar pelo buraco indicado por Wal, vi Gilda, pela primeira vez, nua. Dançava e rebolava o corpo para três homens, que, sentados assistiam ao seu show. Quando algum tentava se aproximar, ela se afastava em gestos provocativos. Eles riam e continuavam a apreciar sua performance.

– Entre lá – disse-me Wal.

– Não, não, apenas quero vê-la. Escute uma coisa...

Não consegui terminar a frase, pois Wal me empurrou junto a um outro homem e a porta se fechou atrás de nós. Eu estava na maior cilada de minha vida.

Sentei-me com os demais e olhei para baixo, mas logo um senhor ao meu lado me cutucou:

– Como "essa" aqui, não há outra.

Observei Gilda, tentando desviar o olhar, mas fui atraído para ela. Agora, eu percebia cada detalhe de seu corpo, que se contorcia: os seios médios e empinados, a cintura fina, o bumbum um tanto exagerado, mas belo, os pés pequenos e brancos, a grande boca carnuda, as mãos grandes e finas que seguravam os cabelos e os jogavam para o alto.

Enquanto eu tentava dominar o calafrio e o nojo que sentia por Gilda, o pior aconteceu. Seu olhar se fixou ao meu e quando me reconheceu, sorriu com prazer.

Andou até mim e sentou-se em meu colo, rebolando o seu corpo de maneira devassa. Depois, sussurrou em meus ouvidos:

– Qual é o seu sonho, Marcel?

Joguei-a para longe e ouvi os gritos dos homens, que me xingavam. Tentei a qualquer custo abrir a porta do compartimento, enquanto observava a fila que se formara lá fora, de homens esperando a sua vez. Novamente, senti-me prisioneiro por não ter um relógio que me mostrasse as horas.

Não sei quanto tempo permaneci voltado na direção da porta, até que essa se abrisse, impelida por um novo grupo que foi empurrado para dentro. Saí dali correndo, seguido por Wal, que me pediu desculpas, enquanto ria de minha cara e gritava:

– Vamos, força, volte lá...!

Consegui encontrar a saída, paguei e fiquei do lado de fora, no carro, esperando.

A lua inundava a cidade de Emit, como se estivesse grávida, inflada e sozinha.

Havia o barulho nada eloquente de um mar distante, com possíveis golfinhos felizes, mas a multidão que se encontrava fora da boate me impedia de sentir o cheiro real da noite, mais bela do que o usual.

Lembrei-me das palavras de Gilda em meus ouvidos: "qual é o seu sonho?" e, por algum motivo, me senti tonto. Um suor percorreu meu corpo, como se cada célula minha estivesse reagindo a algo ruim.

Abri a janela do carro e respirei fundo, mas o mal-estar insistia em permanecer, assim como as horas em meu relógio no painel – inertes.

Observei algumas pessoas saindo da boate, abraçadas e risonhas; os grupos, provavelmente, continuariam a saciar sua sede em outros locais e me senti enojado demais para suportar. Abri a porta do carro e vomitei muito.

Aquela gente riu de mim, chamando-me de bêbado, mas não me importei. Ter vomitado me fez sentir melhor. Continuei a mirar a lua branca e gigantesca, até que ouvi a risada de Gilda, que se retirava, abraçada com um homem negro e forte. Rindo, entraram num veículo e partiram em direção às estradas de Emit. Fui atrás, mas precisei acelerar, pois o outro carro corria muito. Deviam estar com pressa e pressa era algo que eu não tinha, mas pensei em Carl e decidi terminar a noite com um bom relatório para a manhã seguinte.

Pararam na praia. Estacionei o meu carro atrás do deles, mas levei um bom tempo para descer, esperando que saíssem e se dirigissem à areia.

Fiquei olhando com atenção tudo o que se passou ali: Gilda entrava no mar e abria os braços, dando voltas ao redor do nada e gritando qualquer besteira.

O enorme homem a seguia com ferocidade e ânimo e a pegou no colo provocando nela estranhas risadas, ainda mais fortes e histéricas. Correu até a beira da praia e a jogou ao chão.

Saí do carro, me aproximando em passos curtos para poder ver melhor. O corpo dela estava banhado a sal e areia e a boca dele era como a de um enorme monstro voraz. Eu não poderia lhe dizer por quanto tempo fiquei ali, mas sei que aquela minha tortura parecia interminável..

Outro carro parou, de onde saíram mais três homens. Aproximaram-se e abraçaram Gilda, que se jogou no colo deles como uma criança carente.

Agora eram quatro homens em cima de Gilda e ela gemia tão alto, que meu estômago se embrulhou. Com a cabeça baixa por algum tempo, acabei vomitando mais.

As minhas súplicas eram fortes e o meu suor e desespero também, ao ver tudo terminado.

A noite se encerrou quando o sol nasceu e avistei um golfinho ao longe contorcendo o corpo. Quando acordei, eles já haviam ido embora e eu deveria estar bem atrasado para o trabalho.

Herbert brincou ao me ver chegar ao escritório:

– Nossa, Marcel: você está um lixo! De onde está vindo?

– Que horas são? – perguntei, sem responder à sua pergunta.

– São onze horas. Por que seu relógio está sempre pifado?

Sem responder e tampouco agradecer, corri para sala de Carl e fechei a porta me desculpando pelo atraso.

Contei-lhe tudo o que havia visto e pela primeira vez presenciei o enorme homem chorar e se debruçar na mesa, batendo os pés de forma estranha e surreal.

Olhou-me como quem pede por clemência e deu um tapa nas minhas costas dizendo-me "obrigado". Em seguida, saiu batendo a porta com força.

– O que está acontecendo? – Herbert entrou na sala, curioso.

– Um homem que ama perde seu juízo. Você e Carl são exemplos disso – respondi, dessa vez.

Voltei até a minha sala e encontrei meus números. Esses eram reais e claros para mim, havia sentido na multiplicação de cada um deles, havia motivo para aumentarem e diminuírem, eram óbvios, discretos e bons.

7

Acordei com o barulho da porta. Alguém estava dentro de casa.

Demorei ainda algum tempo para conseguir me situar e ouvi passos no corredor.

Não senti medo, não senti nada; apenas me incomodou o fato de estarem me acordando.

A porta se abriu e vi Anita despencar ao chão rindo e chorando, com uma garrafa na mão e vários cortes no braço. O sangue não cessava e ela me olhava, assustada e confusa, pedindo ajuda.

– O que você fez, Anita? – levantei-lhe o rosto e a fitei.

– Cortei-me por você, para provar o quanto te amo – e jogou-se em cima de mim como um saco de batatas. Estava, de fato, bem dopada e bêbada. Não conseguia pronunciar as palavras com coerência e uma baba começou a lhe escorrer pelo canto da boca, como se fosse uma cadela com raiva.

Coloquei-a no carro e parti em direção ao hospital mais próximo.

– Há mais de quinze substâncias em seu sangue, misturadas a álcool – informou-me o médico que a atendeu. – Ela corre sério risco de morte.

Esperei na sala de espera e tomei alguns cafés para me manter acordado.

O movimento do hospital era constante, pessoas entravam e saíam, médicos e enfermeiros corriam e crianças choravam.

Havia algo latente naquele ambiente, como se houvesse mais vida ali dentro do que fora. Reparei no enorme relógio prateado na parede e consegui ler as horas, enfim: cinco horas da manhã! Os ponteiros se mexiam; senti alivio, ao constatar que o tempo começava a passar.

Às seis horas, o médico me chamou: Anita estava fora de perigo e queria me ver.

Entrei no quarto e a vi chorando. Só fazia me pedir desculpas e confesso que não sabia o que responder; afinal, eu não precisava desculpá-la pelos seus próprios atos, fossem eles quais fossem.

– Está tudo bem – concordei, simplesmente.

– Ando presa a uma vida cheia de vícios e vazio... Sinto-me tão pequena diante do mundo e de todos – sorriu encabulada, enquanto me dizia essas coisas estranhas. – Como eu te invejo por ser como você é!

Olhei-a com curiosidade, mas resolvi não perguntar nada; afinal, ela falava sem parar e eu começava a ficar sem paciência. Finalmente, cerrou os olhos e a sua respiração pausada demonstrou que adormecera. Andei até a porta, mas ouvi-a dizer:

– Antes de ir embora, lembre-se que alguém te amou de verdade nessa vida.

Virei-me, instintivamente, mas Anita estava roncando.

Voltei para casa, precisava de um banho. Os números me esperavam, mas eu me sentia cansado demais.

Entrei no chuveiro e deixei a água percorrer o meu corpo. A sensação era agradável e relaxante. Fechei os olhos. Lembrei-me de Gilda me perguntando qual era o meu sonho e senti que precisava sair mais rápido daquele banho, mas a água quente, em contato com o meu corpo, estava me anestesiando. Quase sem perceber, fui me abaixando até o chão gelado e permaneci sentado, estático e pensativo.

"Qual é o seu sonho, Marcel?"

Como se ela estivesse à minha frente, respondi alto:

– Sempre quis conhecer Paris!

Algo perturbador me atingiu naquele momento: a sensação de ter me revelado a ela – mesmo que não diretamente, mas na intenção de fazê-lo – me fez tremer. A temperatura da água tornou-se incômoda e consegui esticar o braço para aumentar a sua pressão, deixando-a morna e novamente agradável.

Lembrei-me das várias vezes em que eu vira fotos de Paris e decidira que ali era o lugar certo para mim: uma cidade bela e sem cobranças. Senti vontade de estar em frente à Torre Eiffel, ou dentro de um café tomando um chocolate quente e comendo um croissant de queijo sem presunto.

Por incrível que pareça, por várias vezes eu chegara a comprar a passagem. Há dez anos fazia esse ritual, mas sempre desistia na última hora.

Pela primeira vez me questionei por quê, e essa incerteza fez meu corpo sair de uma inércia aconchegante. Criei coragem e desliguei o chuveiro, observando a água que deslizava e descia pelo ralo, seguindo seu fluxo natural. E, de forma inédita, a noção do instintivo me amedrontou.

Ao sair do boxe, olhei-me no espelho: os cabelos pretos e olhos castanhos pareciam desaparecer numa testa grande e num queixo desproporcional; a boca fina embaixo, mas grande no lábio superior me dava uma impressão estranha, como se eu fosse um boneco de cera, extremante branco e assustador.

Imaginei-me dentro de uma loja de roupas, como um cabide no qual casacos e chapéus ficam pendurados, e pessoas parando e me olhando, mas sem me enxergar como um ser vivo.

O que estaria acontecendo? Decerto, alguma mudança desagradável, pois senti o coração me bater mais rápido e meu rosto corou, como o de Herbert, o patético Herbert!

Liguei para uma agência de viagens e fiz a reserva de uma passagem a Paris para dentro de uma semana.

Eu não entendia ainda o que estava acontecendo comigo, mas sabia que alguma maldição estava tomando conta de mim.

***

Cheguei aos números e me concentrei neles, mas havia uma súbita falta de lógica, que me fez estremecer.

Carl entrou e fechou a porta, sentando-se à minha frente.

– Quero que pare de seguir a Gilda. Afinal, o tempo cura tudo, não é o que dizem? – Ele decidira tentar uma nova vida com sua esposa. – Tenho tido algumas estranhas percepções, à noite. Cheguei à conclusão que corro atrás de outras mulheres justamente por ter tudo o que quero em casa e não dar o seu devido valor. E disse-me que eu era um bom amigo (amigo?), sorriu e saiu da sala, andando sem trejeitos e sem a cabeça empinada. Pela primeira vez, consegui notar uma certa beleza em Carl e não entendi porquê.

8

Meus relógios continuavam quebrados. Então, a irresistível ideia de correr até o hospital com a desculpa de ver Anita para fitar o gigante relógio prateado se apoderou de mim. Observar seu movimento em *tique-taque*, a cada segundo, minuto e hora era tentador demais. Pedi um dia de folga a Carl, que não hesitou em me atender e fui até o hospital. Na sala de espera, fitei o objeto oval, vendo os ponteiros dançarem como Gilda à minha frente, modificando sua posição a cada segundo – enquanto me davam perspectivas para o meu propósito idiota de ir a Paris. Entrara num estado catatônico e incoerente, onde a minha mente trabalhava com mais vigor e me pedia mil explicações que eu mesmo não poderia dar.

– O senhor está passando bem? – uma voz me interrompeu. Era uma enfermeira que passava por ali.

– Não sei, mas acho que sim – respondi.

Não fui ver Anita. Andei até à praia e caminhei lentamente. A areia sob meu pés fazia cócegas, o sol batia em meu rosto discretamente e as ondas do mar continuavam com seu fluxo natural, indo e vindo, desfilando a ordem e o caos natural de todas as coisas.

Sentei-me e fixei o olhar no horizonte. Haveria a possibilidade de ultrapassá-lo? Isso eu não soube responder, mas senti um vento agradável me bater às costas. Quando mexi na areia, senti algo estranho. Percebi, nesse momento, que estava no local onde vira Gilda com aquele grupo de homens. Eu achara um relógio que alguém havia perdido e ele funcionava.

Cheguei à casa de Gilda, seguindo as indicações de Carl. Era um lugar pequeno, com um pequeno jardim bem cuidado e, estranhamente, sua fachada possuía mil cores.

Toquei a campainha e esperei. Por que algo que me dizia que ela estava dentro de casa? Esperei por exatos vinte minutos, até ouvir alguém gritar:

– Já vai!

A porta se abriu e Rita Hayworth apareceu, vestindo uma camisola transparente, que desvendava um conjunto *underwear* preto. Os cabelos pretos estavam presos, mas alguns cachos caíam-lhe sobre a face adormecida.

Olhou-me com estranheza. Abri a mão e mostrei-lhe o relógio.

– Creio que isso pertence a você.

Ela se espreguiçou e pegou o relógio, pedindo que eu entrasse.

– Como encontrou isso?

– Eu achei na praia e supus que poderia ser seu – não havia nexo na minha historia mal contada.

– Ah, já sei, certamente você estava me seguindo, a mando de Carl. Ok...Sente-se, quer beber alguma coisa?

A objetividade daquela mulher me assustou.

– Aceito café, por favor.

Sentei-me num sofá rosa choque e enquanto ela se dirigia à cozinha, observei os móveis coloridos, um amontoado de objetos fálicos presentes no ambiente, estatuetas de casais nus, um telefone com a forma de um homem obsceno, quadros com temas sexuais por todo o ambiente.

Gilda voltou, um pouco mais desperta e entregou-me o café, enquanto tomava o seu.

– Sinto muito por Carl – eu disse. – Eu só queria ajudá-lo, o pobre homem estava...

– Não precisa se justificar, eu entendo. Isso é passado. – cruzou as pernas exibindo-as de forma vulgar, depois recostou a cabeça sobre a almofada.

– Então, veio me devolver o relógio – Fitou-me, enquanto acendia um cigarro. – Posso fazer algo mais?

Senti-me indesejado ali, mas sorri, ao perceber que não estava com náuseas.

– Então, você é corretora de imóveis?

Ela riu e disse-me que eu estava bem informado. Contou-me que o mercado estava parado e as vendas baixas, mas que havia sido condecorada como a melhor vendedora do ano passado, e seu olhar demonstrou seu orgulho por isso.

– Bom, isso é bom – respondi, monossilábico e sem saber, ao certo, o que fazia ali.

Encarou-me novamente.

– Pensou na minha pergunta?

– Como? Desculpe-me, não entendi. – Ao que se referia?

– Puxa, Marcel, você me decepciona. Todo homem tem um sonho na vida e toda mulher também e, por mais que tentemos escapar disso, eles nos seguem a cada segundo. Imagino o que seria de uma pessoa sem sonhos; o dia em que eu deixar de tê-los, serei infeliz, te juro!

– Na verdade, pensei; devo lhe confessar. E é um apenas: visitar Paris.

Subitamente, a louca se levantou e começou a rodopiar pela sala.

– "Paris, bonsoir, Paris" – cantarolou. – Por que nunca foi, então?

– Não sei, simplesmente não sei. Algo me prende a Emit. Mas se conseguir uma folga no trabalho, dentro de uma semana, estarei em Paris.

Ela sorriu e bateu palmas. Em seguida, sentou-se bem perto de mim e disse-me ao pé do ouvido:

– Já parou para pensar que moramos numa cidade cujo nome é *tempo* ao contrário?

– Na verdade, nunca me dei conta disso – reconheci, surpreso. – Mas algum sentido deve haver.

– Sentido sempre tem, nada é em vão.

Perguntei-lhe qual era o seu sonho.

Acendeu outro cigarro, jogou os pés para cima do sofá e se espreguiçou:

– Se eu te contar meu sonho, ele perde a graça!

– Isso é injusto, contei o meu a você.

– Ah, então estamos fazendo um pacto? Eu guardo o seu sonho em segredo e você guarda o meu?

– Se assim o quer, pode ser.

– Puxa, Marcel, você me parece diferente hoje. Sempre o vi como algo fora de contexto; nunca me imaginei estar conversando mais de duas frases com você, desculpe-me a franqueza.

– Tudo bem, era só questão de... de tempo...– eu disse, engolindo em seco e um pouco irritado.

– Tempo, tempo, tempo... Gosto desta palavra, significa muito para mim. Por isso vivo esse tempo de forma intensa, a cada segundo.

– Não acha que vive de forma um pouco intensa demais? – a frase saiu sem que eu pudesse reformular.

– Ah, você se refere a sexo? – ela riu escandalosamente e tive medo de sentir-me enjoado.

– Marcel, deixe-me dizer algo sobre sexo, vida, paixão: tudo é transitório e se eu não mergulhar de cabeça, não poderei morrer em paz.

As mãos gesticulavam sem parar, a voz era forte, o sorriso cativo, a boca soberana. Eu a via de forma diferente de antes; era como se a imagem repugnante pertencesse a uma outra pessoa. Agora, eu a aceitava mais. Continuava estranha para mim, porém mais aceita.

– Pois nunca precisei sentir a vida como você. E isso nunca me fez falta. Então, eu poderia dizer que tudo é questão de perspectiva e limites.

Ela pareceu contrariada:

– *Limites*. Está aí uma palavra que eu não gosto, Marcel. Não há limites nessa vida. E você, parece que vive dentro de uma casca; mais parece um caracol, encolhido, receoso, estranho.

– Você não mede palavras, não é mesmo? Doa a quem doer.

– Doeu em você, Marcel? – Piscou e foi servir-se de uma bebida.

Ela tinha esse estado natural de agitação constante, pulsação de vida e morte, algo que transcendia além da esfera de normalidade de qualquer ser humano.

Andava quase flutuando e ao se sentar numa poltrona, era como se estivesse se sentando no mundo. Era dada a tudo, de forma extasiante; desonesta com as pessoas normais, pois lhes tirava qualquer possibilidade de encanto. Ofuscava, resplandecia, fazia brotar o novo, o argumento, a vírgula. Definitivamente, ela não era um simples ponto final.

Havia em mim, naquele momento, ao lado de Gilda, duas vontades e sensações opostas, antagônicas: o desejo de tê-la para mim, como fonte de inspiração e aconchego e a necessidade de eliminá-la, para que meu corpo voltasse a ter o sossego de outrora.

E eu sabia que uma luta começaria a se travar dentro de mim: Paris, por motivo diverso, mais uma vez se tornou minha necessidade de sonho e fuga.

Fomos caminhar na praia e contei-lhe sobre as horas, que para mim não passavam e, de repente, começavam a fazer algum sentido. Confessei que acreditava que ela pudesse ter algo a ver com essa situação. Como um menino no confessionário, eu me abri, contei-lhe sobre minha repulsa a sexo e a tudo que fosse demasiadamente intenso.

Ela não riu, apenas ouviu.

– Você já falou demais. Agora, é minha vez de confessar meu sonho; chegou o momento.

Estávamos sentados na areia e os cabelos dela esvoaçavam como plumas enigmáticas.

– Meu maior desejo é conseguir sentir prazer – revelou.

Aquele fato me deixou intrigado.

– Há em nós duas formas opostas de fuga, isso é fato! – confidenciou, mudando sua expressão. – Eu busco na intensidade algo que possa me preencher e continuo tentando, tentando, pois não posso parar. Com cada homem que me deito, sofro, querendo chegar ao orgasmo completo e à satisfação, que nunca vêm. Por isso, preciso de outros corpos, outros homens e me entrego ao sofrimento de forma compulsiva.

– Pensei que você gostasse dessas sensações que busca – surpreendi-me.

– O gostar é apenas uma linha muito tênue entre o desgosto e a harmonia – e continuou, com olhar assustado: – Sou uma ninfomaníaca, obcecada por sexo, e sem nunca conseguir paz. O meu sonho, Marcel, é sentir um orgasmo, por uma única vez na vida que seja!

Fiquei quieto; não havia muito o que dizer. Era estranho de assimilar, mas começava a fazer algum sentido. Deixaria o tempo me mostrar. Abracei-a enquanto ela chorava, sem me sentir enojado com o seu toque.

Fomos tomar sorvete. O dia estava bonito; o sol, forte – talvez o dia mais quente e agradável do ano –; minha visão, mais clara; meus sentidos, mais aguçados. Saboreei o sorvete e pude sentir o seu gosto, o que foi bom.

Ela engoliu a massa de morango rapidamente e logo pediu outro. Enquanto devorava o seu terceiro, eu ainda mordia a casquinha do meu primeiro e já estava satisfeito.

Gilda me puxou e fomos nadar. Mergulhei pela primeira vez, em anos, na água límpida e morna. Ela sorria e corria até o fundo. Deixei-a ir, ficando parado e olhando para ela, cada vez menor, um ponto que quase sumia e reaparecia, junto a uma onda maior. Uma possibilidade de fuga passou pela minha mente: bastava correr, pegar o carro e logo eu estaria em casa, a salvo.

Mas por algum motivo, a sensação da água e do sol me satisfez e não consegui me mover. Fiquei boiando por um longo tempo, perdendo Gilda de vista, perdendo-me nas águas da cidade de Emit.

9

Eu deveria ter, no máximo, uns cinco anos de idade. Mamãe tocava em meus cabelos e fazia cachos com eles. Meu pai comia alguma coisa na mesinha vermelha, talvez o peixe pescado.

Não sei bem ao certo por que temos e mantemos a nossa primeira sensação de tempo, mas aquele momento se congelou em minha mente para sempre. O toque das mãos de minha mãe me trouxe a sensação de estar pertencendo a algo, de haver uma dinâmica qualquer; meu pai devorando o peixe me ambientou para uma realidade de existência familiar. Não sei dizer se foi bom ou ruim; talvez eu não tivesse sentido nada, apenas um pouco de curiosidade, pois me lembro de ter esticado o pescoço para ver se papai bebia também e vi o copo amarelo de plástico cheio de suco de caju. Foi breve, rápido e real. E nunca deixou de existir!

***

Gilda me acordou chacoalhando meu corpo. Levei um leve susto.
– Vamos embora – disse-me. – Quero te mostrar uma coisa.

Seguimos pela rua principal e chegamos a uma casa antiga, onde uma enorme placa indicava estar à venda.

– Esta casa faz parte de um outro sonho meu. Quando sou obrigada a trazer meus clientes aqui, invento algumas desculpas para que não seja vendida; tipo que, por estar velha, precisa se investir um bom dinheiro em reparos. E eles logo desistem...

Por dentro, o imóvel era enorme, mas havia algo de nefasto. Não era a casa que eu imaginaria para Gilda, como a sua pequena e colorida imitação de arco-íris.

Ela sentou-se num velho piano, o único objeto existente ali e eu puxei um pano e me sentei no chão. Começou a tocar de maneira desenfreada, incessante, como se estivesse parindo ou tentando sentir o tal orgasmo que desejava alcançar.

A música tinha qualquer coisa de eternidade e súplica e os olhos de Gilda estavam cheios de lágrima. Uma contradição, uma novidade cruel, que fez meu corpo estremecer; senti um arrepio que surgia por trás da nuca e percorria a minha medula. Algo em meu sistema de vida se modificava: eu estava possuído por uma fome voraz, desconhecida.

– Gilda, estou faminto!

Ela riu daquele jeito seu, só seu, e acompanhei seu riso de leve, dentro do meu limite, mas para mim foi o suficiente.

Até dois dias atrás, eu certamente não estaria na cantina do Peppe comendo uma macarronada ao molho branco, muito menos após ter devorado um sorvete inteiro.

Mas agora havia gosto em cada fio do macarrão e comi tudo. Gilda me acompanhava com nhoque e vinho tinto e ambos exageramos no queijo ralado e no pão com alho.

– Isto é muito bom! – dizia, lambendo o molho no canto da boca.

Concordei com ela.

Gilda queria terminar o dia indo ao cinema. Perguntei-lhe se não preferia um filme clássico em minha casa e ela aceitou.

Para minha surpresa, ela também admirava os clássicos, mas se defendeu dizendo que deveríamos experimentar o novo, pois a humanidade caminha rápido.

Assistindo *Casablanca,* Gilda ainda conseguiu comer um balde de pipoca, após a fartura do restaurante. Em certo momento do filme, virei-me para ela, olhei em seu rosto e a observei, apenas isso. Havia uma expressão sincera de contentamento e tristeza, uma mistura de ternura e agressividade, naquele momento em que as máscaras caem e Casablanca consegue imobilizar a presa.

Já era tarde. Meu relógio marcava vinte e três horas e catorze minutos e continuávamos conversando, até que ela se levantou e disse-me que precisaria ir.

Senti um soco no estômago, negociei, pedi que ficasse um pouco mais, mas argumentou que tinha um encontro e não poderia faltar.

Um incômodo diferente de outrora preencheu meu corpo. Corri para a porta e fiquei ali, dificultando sua saída, como uma criança assustada.

– Marcel, deixe-me ir...

– Aonde vai? E com quem vai?

– Vou sair com um homem, Marcel – disse-me, com calma.

Senti o inevitável: meu peito se apertou e o coração disparou. Tive vontade de gritar; olhei para ela e pedi:

– Não vá, um dia sem sexo não irá te matar, prometo.

Ela caminhou até o sofá e sentou-se, pensativa. Acendeu outro cigarro e me disse, desafiadora:

– Faço uma troca com você.

– Diga – pedi, em tom de súplica.

– Fico aqui, se você transar comigo.

– Não! – gritei – Não posso! Será que não entende?

– Sim, entendo. Por isso, deveria entender que não posso ficar sem sexo, na mesma proporção que não pode pensar nisso, certo?

Assenti com a cabeça, mas senti-me sujo e humilhado.

Gilda pegou a bolsa, me lançou um beijo com as mãos e se foi.

Lembrei-me de Herbert, Carl, e todos os pobres homens apaixonados e sem lógica; lembrei-me dos números e da falta de lógica deles; pensei em Anita e caí ao sofá, desanimado.

10

O tédio pode ser um aliado perfeito quando se está sem vontade de consertar qualquer relógio, ou quando o tempo não precisa passar de forma rápida. Mas quando há uma pequena urgência, ele insiste em beliscar nossa consciência. Foi como me senti, desejando a presença de Gilda para que o meu sentido de tempo fosse modificado através do dela.

Assim que Gilda saiu, meu relógio de pulso parou, o que me deixou angustiado.

Corri até à sala de espera do hospital, o único lugar em que o grande relógio prateado não zombava de mim. Sem preguiça, mostrava as horas que passavam, enquanto seus ponteiros brincavam pontualmente.

Uma sala de espera pode significar muito para alguém, pois revela a possibilidade de esperar – o que é um dever humano – ou a necessidade de ir embora e arcar com a sua própria consciência. Mas aquela me condicionava a esperar por algo revelador, como coisas que poderiam surgir.

Observei uma senhora, com o olhar miúdo, o rosto envelhecido pelo tempo, as mãos presas e apertadas com força, que esperava aflita, ao meu lado. Meu olhar ia e vinha, como se fosse um ponteiro – ora no grande relógio, ora no olhar angustiante da velha senhora.

Ela me olhou e suspirou. Tentei disfarçar, olhei para o corredor sem fim, desviei meu olhar novamente para as horas e me atraquei no seu olhar, fixo ao meu. Não entendi o que significava aquilo, mas provavelmente, deveria estar esperando por alguém, ou quem sabe, para ser avaliada. Mas algo notável é que, de todas as pessoas que ali estavam, era ela quem mais se assemelhava à sala de espera. Talvez por ser velha, talvez por ser uma incógnita ou, simplesmente, por ter olhos aflitos.

E, então, o inevitável aconteceu: ela se aproximou de mim, sentou-se ao meu lado e suspirou de novo. "Deveria ser proibido por lei conversas entre pessoas na sala de espera", pensei aflito.

– Sua esposa? – ela iniciou a conversa.

– Desculpe-me, como?

– Por quem você espera: sua esposa? – repetiu, pausadamente.

Gelei. O que poderia lhe responder? Que estava ali por causa de um enorme relógio seria, de fato, absurdo.

– Sim, senhora, minha esposa – sorri, incomodado.
– O que ela tem? – prosseguiu.
– Ah, nada sério, apenas uma dor de estômago, mas tudo ficará bem.

Assentiu com a cabeça e, em seguida, sem me olhar, disse:
– Espero pelo meu filho.

Não tinha o que lhe falar, apesar da velha senhora me causar certa pena – sentimento quase imune ao meu corpo. Mas resolvi negociar com o diabo o pouco de fragilidade que Gilda fizera brotar em mim e prossegui:
– Ele está doente?
– Nasceu prematuro e está na incubadora, preciso esperar por ele.

Não era possível, aquela mulher tinha, no mínimo, oitenta anos de idade! Como poderia estar esperando por seu filho prematuro?
– Desculpe-me, senhora, mas... – senti-me estranho, curioso e um pouco aflito.

Ela segurou em meu braço com força:
– Venha comigo, eu te mostrarei o pequeno.

Percorremos os corredores brancos e gelados, entramos no elevador e subimos para o segundo andar, o da maternidade.

Permaneci estático ao lado da velha, enquanto ela direcionava o olhar para inúmeros bebês, tentando encontrar o seu.
– Não o acho, não o acho – dizia, aflita.
– Ele, provavelmente, está separado, senhora – foi a única idiotice que consegui dizer.

Uma enfermeira e um segurança se aproximaram e se encostaram à parede, enquanto conversavam. Ela era loira e bela e ele tinha um ar cansado.

A velha colocou as mãos no vidro e começou a falar sem parar:

– Aonde o levaram? Aonde? Cadê o meu filho? – virou-se para mim: – Roubaram o meu filho! Sondei a enfermeira e o segurança e percebi que riam e olhavam para nós. Aproximaram-se.

– Dona Gertrudes – disse-lhe a enfermeira –, por favor, acompanhe o segurança até a saída.

A velha, então, me lançou um olhar choroso e aflito, uma súplica, como quem necessitasse de um álibi, um aliado. O segurança a segurou pelos braços, enquanto ela gritava pelo nome "John", sem parar.

– Caso triste esse – a enfermeira me olhou: – Conhece ela?

– Não, na verdade, acabo de conhecer, o que acontece?

– É uma velha doida, perdeu o filho há quarenta anos e, desde então, segue um ritual de entrar em hospitais e invadir maternidades, em busca do filho.

– Mas onde ocorreu isso?

– E isso importa? – indagou com descaso e foi-se embora.

Permaneci imóvel, sem condições de falar ou, ao menos, balbuciar. Fixei-me em um bebê que sorria, instintivamente, com uma fita vermelha nos poucos cabelos e uma pulseirinha no minúsculo braço.

"Ele é o começo de um novo mundo, uma nova era; ele tem tempo."

Não sei ao certo por quanto tempo fiquei olhando para aquele bebê, antes de voltar para casa e aos meus filmes clássicos.

11

Naquela madrugada quente, eu me questionava ainda sobre a velha da sala de espera e a impossibilidade que algumas pessoas têm de ser esperadas por outras ou, ao menos, esperarem por alguém.

O toque da campainha, já de manhã, me fez estremecer, ao imaginar Gilda, com seus carnudos lábios vermelhos e sua vida intensa.

Corri para a porta e a abri quase sem fôlego, mas vi o rosto pálido de Anita e seus olhos azuis e enormes, cheios de veias azuis e avermelhados. Ela recebera alta há algumas semanas.

– Marcel, estou feliz! Apesar de saber que não me ama, quero te contar que encontrei alguém. Ele se chama Antony, é um jovem escritor e... Bem, o sexo com ele é insuperável e maravilhoso – e corou, com satisfação.

Disse-lhe que estava feliz por ela e levei um tapa no rosto. Anita era realmente estranha.

– Por que diabos me bateu?

– Porque imaginei que sentiria um pouco de ciúmes, mas, pelo visto, nada!

Sentamo-nos e ela se serviu de uísque com soda e acendeu seu cigarro de maconha, enquanto se sentava confortavelmente na minha poltrona.

– Como você está? – perguntou-me, sorrindo.

Contei-lhe sobre Gilda e disse achar estar apaixonado pela primeira vez em minha vida.

– Todos os homens se apaixonam por Gilda, pelo menos uma vez em suas vidas – sorriu sarcasticamente, antes de prosseguir: – E como é o sexo?

– Será possível que terei de repetir, Anita? Não gosto de sexo e não penso que precise justificar isso a mais ninguém, nem a você!

Ela me encarou e seu enorme olhar me fuzilou:

– Imagino como Gilda deva se sentir; ela vive para o sexo.

– Escute, Anita, se Gilda me amar de verdade, saberá abdicar dessa busca incontrolável.

– Impossível! – Anita soltou uma gargalhada horrível. – Gilda sem sexo é como a cidade de Emit sem sol.

– Por que será que as pessoas são tão vidradas em sexo?

– Porque sexo é troca. Marcel, sinto pena de você!

– Não sinta ! Eu não sinto por você.

Ela me olhou, já meio zonza, e jogou-se sobre meu colo ao chão. O contato humano sempre me provocou incômodo e Anita utilizava-se disso para me agredir.

– Saia daqui, Anita, você parece uma adolescente estúpida.

– Pois você parece um homem patético de meia idade. Já parou para pensar, Marcel, que situação mais engraçada? Você, que sente repulsa ao sexo, namorando uma ninfomaníaca? – E a risada dela se espalhou pela casa.

Afastei-a para longe e disse-lhe não achar graça alguma na situação.

– Mas, diga-me, então...Como farão?

– Não sei como faremos, OK? Talvez você tenha alguma sugestão.

Levantou-se e caminhou pela sala com olhar pensativo. Perguntou-me como estavam meus relógios.

– Eles só funcionam na presença de Gilda ou na sala de espera do hospital.

– Marcel, fiquei internada no hospital e esperei por você. – Fitou-me com seriedade.

– E eu fui te ver.

– Sim, mas não foi com vontade.

– E isso faz diferença?

– Toda a diferença do mundo. A sala de espera daquele hospital é angustiante para quem ama de verdade. Você é realmente estranho, muito, muito estranho mesmo...

A campinha tocou e Anita me olhou com lágrimas nos olhos. Ignorei a visão de sua autocomiseração e corri para a porta. Gilda, sorridente, entrou e fitou Anita com curiosidade.

Conversaram sobre as aulas de pintura com Sarah, falaram de arte e de literatura e eu apenas as olhava, curioso. Ao observar Gilda, voltava a sentir a vida dentro de mim, como se eu fosse um cálice e ela, o vinho. Meu corpo se preenchia, meus poros se alimentavam, minha alma se apaziguava.

De repente, Anita me olhou com ar desafiador, como se estivesse querendo insinuar que Gilda lhe dava mais atenção do que a mim. Desviei o olhar, sentindo-me um pouco humilhado.

– Diga-me, Gilda – provocou Anita –, gosta de mulheres?

Gilda acendeu seu cigarro e esticou as longas pernas no colo de Anita. Olhou-a com coragem nos olhos e disse:

– Gosto de sexo! Isso responde à sua pergunta? – E avançou sobre Anita com uma fúria que chegou a assustá-la.

Puxou-lhe o vestido e beijou-lhe os seios. Anita me encarava sorrindo, enquanto eu assistia enojado àquela cena.

Gilda possuiu Anita de forma tão feroz, que, num certo momento, percebi que essa se esquecera de seu jogo, entregando-se com vontade.

Ver aquelas duas mulheres nuas se entrelaçando me deixou pasmo. Eram duas beldades unidas: línguas, bocas, pernas e seios – a perfeição que causa repulsa e dor.

Refreei a minha raiva e nojo e me fingi de cego, enquanto fitava a obra mais fantástica e abominável que já vira, até então.

12

Eu e Gilda estávamos andando de mãos dadas e pedi que fechasse os olhos assim que entramos no carro. Sorriu, parecendo gostar da surpresa, fosse ela qual fosse.

Enquanto dirigia apressadamente pelas longas ruas de Emit, senti o vento bater em meu rosto de forma agradável e sinistra. Gilda era apenas Gilda, mas esse *apenas* se resumia na razão para eu passar a encontrar lógica na vida e sua falta, nos números.

Ao desligar o motor, pedi para permanecer com os olhos fechados, direcionei-a até a uma enorme porta de madeira e com a respiração ofegante, disse:

– Abra os olhos. A casa é nossa: comprei-a para você.

Ela correu pela casa, gritou, pulou, sorriu, correu para o piano e começou a tocá-lo numa velocidade incrível.

Gilda, feliz, era a concretização da rotação planetária. Naquele instante, senti que, se eu a perdesse, morreria definitivamente, meu tempo se esgotaria e seria refém eterno da sala de espera. Precisava tê-la a todo momento comigo; deveria haver uma forma de convencê-la de que a nossa união me traria as horas certas e o tempo exato das coisas. Deveria existir uma maneira de ter Gilda como meu sistema de vida e morte, vinte e quatro horas por dia.

Uma decisão tomava corpo em minha mente: Gilda seria somente minha, por bem ou por mal. Alguma mudança interna começava a intensificar e aguçar sentidos e sentimentos já esquecidos.

CAPÍTULO 2

O *Vampiro* de *Emit*

1

Gilda insistiu para que festejássemos a aquisição da nova casa. Ela queria celebrar e mostrar a todos nossa nova moradia. Incomodava-me sua necessidade de outras pessoas, como testemunhas de nossas vidas; era como se eu passasse de um dueto para a divisão de papéis numa peça teatral. Mas eu estava um pouco agitado demais, comendo um tanto bem, dormindo pouco e a sensação de gratidão à Gilda era tamanha, que não me opus a receber as figuras da cidade de Emit.

Herbert e Sarah chegaram com flores coloridas e diversas; Anita trouxe o seu jovem escritor, Josef (um rapaz um pouco bonito demais, na minha avaliação); e Carl chegou com postura de bom moço – mais se parecia um boneco de cera –, dando as mãos à sua esposa, Denise.

Gilda os levou para verem a casa – ainda com poucos móveis –, mostrou diversas vezes os lugares recônditos, o porão, a cozinha e adorou ser aplaudida enquanto tocava seu piano energicamente.

Estávamos espalhados na poltrona de couro, no chão, em cadeiras colocadas na sala e bebíamos vinho tinto, enquanto Gilda e Sarah traziam salgadinhos e petiscos a cada dez minutos.

Perguntei a Carl as horas. Ele me disse que eram vinte horas e trinta minutos e, curiosamente, ao confirmar em meu relógio, notei que esse estava adiantado. Marcava vinte e uma horas, revelando-me que o tempo parecia, finalmente, correr para mim.

Anita abraçava Josef, quase o sufocando. Logo, notei os olhares dele para cima de Gilda, cada vez que ela voltava da cozinha e sorria para todos.

Mas o momento crucial ocorreria quando o olhar dela cruzasse com o dele. Como um lobo faminto à espreita, eu observaria sua troca de olhares, sentindo um misto de desejo e raiva com a possibilidade desse encontro – quando Gilda mostraria estar cedendo ou não ao jovem convencido Josef.

Mas não houve esse olhar, pois Sarah puxou Gilda para outro canto, onde conversaram e riram sem parar, enquanto Carl acendia seu charuto fedorento e com o outro braço, abraçava a esposa, que mal se movia.

Herbert e Sarah trocavam beijinhos apaixonados e ele olhava para mim e piscava como quem diz: "eu disse!" Senti repulsa a Herbert, mas dessa vez era uma aversão diferente da antiga. Algo mais forte se apossou de mim; não era apenas o "pobre Herbert". Agora, ele se convertia no ser mais patético e asqueroso que eu já havia visto, até então.

Andei até a enorme janela da sala e fitei o nada lá fora. Uma cadeira de balanço parecia se mover sozinha, como se existisse uma criança invisível nela, indo e vindo, com rapidez e liberdade.

Fui interrompido por Carl, que me bateu nas costas, gesto que me fez pular e olhar para ele com raiva.

– Está feliz? – perguntou-me, com seu sorriso amarelado e malicioso.

– Sim, estou muito feliz; aliás, nunca estive tão feliz – respondi de maneira frenética e um tanto acelerada.

– Que bom, eu te disse que Gilda era de pirar qualquer homem. Cuidado com ela! – deu-me uma piscadela e retornou ao lado de sua esposa estátua.

Olhei para todos em volta e meu olhar se encontrou com o de Anita, que sorriu para mim. Devolvi o sorriso com sinceridade; afinal, parecia que o jovem escritor havia lhe tirado de alguma maldição e sua obsessão por mim tinha cessado, o que me aliviou bastante. Não que a sua felicidade não me fizesse um pouco feliz, mas naquele exato momento, as coisas corriam um pouco aceleradas demais e eu só conseguia pensar nessas pessoas que olhavam, admiravam e até invejavam Gilda. Tudo o que desejava era estar sozinho com ela, para sentir toda sua vida apenas para mim.

As garrafas de vinho se esvaziavam, e todos bebiam, como se estivéssemos condenados à morte e aquele fosse o último momento de prazer na vida.

Gilda caminhou até o centro da sala, mexeu em seus cabelos pretos, que estavam soltos, jogando-os para trás, abriu um sorriso e disse:

– Quero propor um brinde! Ao amor!

Ouvi aplausos de todos na sala e sorri com o canto da boca, voltando a observar a menina invisível, que, agora, se balançava com mais rapidez, quase quebrando as cordas da cadeira de balanço.

– Gilda, admirável de sua parte brindar ao amor... Não deveria brindar ao sexo? – Carl me fez voltar a atenção ao grupo com essa observação, seguida por uma gargalhada, enquanto batia as mãos na poltrona.

Sua esposa levantou-se e fingiu precisar ir ao banheiro.

Olhando para ele, Gilda respondeu com calma:

– Querido Carl, brindar ao sexo seria, de fato, mais apropriado, mas apenas não o fiz porque você poderia pular em mim como um cachorro no cio.

– Ah, cara Gilda, não acha que está um pouco velha para se sentir tão desejada? Afinal, quantos anos você tem: trinta; trinta e cinco? Já não é mais uma linda jovem, como a nossa Anita, de vinte e cinco anos, aqui. É uma mulher vulgar e, apenas por isso, consegue o que quer.

Gilda corou um pouco e olhou para mim. Como não respondi nada, ela prosseguiu:

– Acho que os meus trinta e dois anos não te impediram de me querer a todo custo e até enviar pessoas para me seguir. Aliás, Carl, te agradeço por isso, pois foi assim que conheci Marcel.

– Que é isso, gente, estamos aqui para festejar – Sarah quase gritou, enquanto se levantava. – Não vamos estragar tudo com brigas e desavenças do passado, certo? Que tal dançarmos?

Herbert bateu palmas, como se a esposa acabasse de ministrar uma aula fantástica em Harvard.

Nesse momento, Denise, a boneca de cera, que voltava do banheiro com os olhos vermelhos, fitou Gilda e caiu em prantos. Jogou-se ao sofá, sendo consolada por Anita.

Carl se aproximou da esposa e a abraçou, dizendo que estava tudo bem. Deixou-a aos cuidados de Anita e caminhou até Sarah, sorrindo para Herbert e dizendo em voz bêbada e arrastada:

– Sim, Sarah, vamos deixar o passado para trás e esquecer que você traiu seu marido com a cidade inteira, certo?

Sarah olhou para Herbert, que enrolou a língua para dizer que esse era assunto acabado. Mas ao invés disso, fungou e colocou uma empadinha inteira na boca – um pretexto para se calar.

– Carl, você é a pessoa que menos tem direito a comentar sobre a infidelidade alheia – Anita observou, acompanhada por Denise, que voltou ao acesso de choro convulsivo e dramático.

O jovem Josef se esticou como um gato e sorriu:
– Que brilhante, vocês parecem personagens de um livro, se me permitem...

Mas antes que terminasse a frase, Anita avançou sobre ele e lhe deu um beijo que o fez calar.

E foi nesse momento que o pior aconteceu. Até então, o cinismo presente na sala me dava uma sensação de conforto e paz. Mas quando percebi Josef se desgrudar de Anita e olhar de lado para uma Gilda visivelmente abalada, e ser correspondido com um olhar que só ela sabia lançar: uma espécie de pedido de socorro e, ao mesmo tempo, uma resposta à excitação provocada por estar sendo notada – que suas pupilas dilatadas revelavam... Ah, nesse momento, me senti perdido!

Voltei-me para a janela tentando controlar as minhas sensações. Tremi dos pés à cabeça, senti-me inútil e fraco, senti a vida ir embora e até desejo de maltratar Gilda. Quando tornei a encará-los, observei que ela cruzava as pernas propositalmente, para o deleite de Josef, que a comia com os olhos, sem disfarçar. Anita me olhou e fez um sinal com a cabeça, como quem diz: "Não vai fazer nada?"

Naquele momento, não fiz, mas a minha mente começou a correr sem lógica, pensamentos destrutivos se apossaram de mim, enquanto sensações como uma espécie de soco no estômago, um gosto amargo na boca, uma facada pelas costas me dominaram.

– O monstro dos olhos verdes – concluiu Josef, já bêbado.

Carl riu e eu perguntei do que estavam falando.

– Estão se referindo ao ciúme descrito por Shakespeare – disse Anita, aflita. – Mas não se preocupe, Marcel, pois Josef nem desconfia que eu o trouxe aqui apenas para te causar ciúmes. E o tiro saiu pela culatra, pois, mais uma vez, o ciúme que você sente é provocado por Gilda.

Ela se levantou e andou até Gilda com desconforto.

– Nem eu escapei dos encantos desta presa fácil. Eu já transei com Gilda – revelou, passando as mãos nos cabelos dela, diante das expressões de embaraço de todos. Caminhou até a sua bolsa, retirou seu pó amigo branco e aspirou pela narina, não se importando com quem estava por perto.

– Uau, a situação está caótica – comentou Josef.

– Sem o caos a humanidade se arruinaria – filosofou Carl. – É o caos que impulsiona a história, a sociedade, os seres humanos, de forma geral.

Começaram a discutir a Teoria do Caos, enquanto eu observava que Gilda parara de tocar piano, dançar e até de sorrir. Ela estava aborrecida, o que me dava uma boa desculpa para dispensar a todos e finalizar aquela noite bizarra.

Mas antes que eu conseguisse chegar até ela, a voz de Josef ecoou:

– Proponho uma brincadeira que, na minha opinião, irá melhorar a situação presente.

A tal brincadeira consistia em nos sentarmos em círculo e cada um dizer o que pensava da pessoa à sua direita, sem direito a réplica. Explicou que era uma forma de relaxar e descontrair, e que todos ali precisávamos aceitar a verdade do outro sobre nós.

Isso me pareceu ridículo. Imaginei Josef sentado numa aula teatral, fazendo tais exercícios com outros artistas egoístas e malucos, para poderem relaxar suas mentes e corpos.

— Simplesmente fantástico! — disse Gilda, levantando a cabeça e sorrindo, enfim. — Vamos lá, depois de tantos insultos, nada mais me assusta.

Sorriu para Josef e sentou-se ao chão, puxando a barra do vestido até os joelhos e deixando as pernas soltas.

Todos se sentaram com certa relutância e formamos um círculo. Tentei me sentar ao lado de Gilda, mas fui empurrado por Josef, que confortavelmente se inseriu ao seu lado direito, olhando suas pernas, sempre que possível.

Gilda, então, iniciou o seu discurso sobre Josef:

— Bem, eu mal o conheço, mas a minha primeira impressão foi ótima. Josef me parece ser um jovem ambicioso, inteligente e um tanto enigmático. Sinto nele muita "vida" e isso me agrada demais.

Todos os olhares estavam em cima de mim. Fingi-me calmo, mas meu interior lançava faíscas e explosões a cada palavra de Gilda. Sentia que as horas começavam a passar cada vez mais depressa, trazendo-me uma urgência caótica e nova.

Josef agradeceu com um sorriso de galã e olhou para Denise, que estava à sua direita. Observou por muito tempo aquela mulher de cabelos castanhos acobreados e olhos fixos e levantou-se para falar, como se fosse um orador:

— Denise é, provavelmente, a mulher mais infeliz que eu já vi na vida.

Carl tentou interromper, mas todos pediram silêncio. Ele se calou, bebendo mais vinho e fumando seu charuto, enquanto olhava encolerizado para Josef.

— Você, Denise, é a típica mulher americana de Emit — prosseguiu Josef —; aquela que faz o papel de boa esposa e boa mãe e cuida da casa vinte e quatro horas por dia, lavando e passando as roupas de seu marido. E ao encontrar a marca de um batom em alguma camisa dele, chora por um tempo, mas, depois, lava-a como se nada tivesse acontecido.

– Se soltasse esse cabelo e decidisse ser feliz, seria uma linda mulher! É tudo o que tenho a dizer – fez um gesto de reverência ao grupo e sentou-se, acolhido pelo risinho de Gilda.

Denise olhou para Carl, à sua direita, e permaneceu calada.

– Diga qualquer coisa! – Joseph incentivou. – Você tem o tempo que quiser.

– Essa não – interrompeu Carl. – O que esse cara pretende?

Herbert engoliu outro salgado e olhou para mim, em busca de ajuda, por estar constrangido demais.

Esperamos algum tempo – não sei precisar quanto –, mas sei que foi o suficiente para que todos ficassem aflitos e incomodados.

Denise, finalmente, disse:

– Para mim é difícil dizer qualquer coisa de qualquer pessoa, ou até mesmo julgar, mas tentarei. Carl é um ótimo marido; diria mais: é o marido perfeito e...

– Mentira! – gritou Anita, sem se controlar. – Então, por que estava chorando agora há pouco?

Gilda sorria com malícia e Sarah parecia preocupada.

Denise levantou-se e pediu mais um minuto.

Esperamos...

De repente, ela começou a chorar e disse, entre soluços:

– Carl não passa de um traidor, sujo e promíscuo. A verdade, se querem saber, é que eu odeio esse homem e não dei a mínima quando tomou a decisão de me valorizar mais. Como pode dizer que as coisas mudarão, após ter me feito perder dez anos de vida? Como se atreve a ser tão cínico e irônico, saindo com mulheres vulgares e fáceis (lançou um olhar a Gilda) e, ao voltar para casa, pedir o jantar?

Virou-se para Carl e, soltando os cabelos, clamou:

– Eu quero o divórcio!

Anita bateu palmas, seguida por Gilda e Josef. Os demais olharam para Carl, que correu atrás da esposa. Ela bateu a porta da casa e ligou o carro.

Carl retornou pouco tempo depois, sem a esposa e sem mérito algum. Olhou para Josef e gritou:

– Desgraçado, eu te mato – pulou em cima do rapaz, sendo apartado por Sarah, que lhe pediu calma e o puxou para o canto da sala, para conversar com ele.

– Vamos parar o jogo – falei, finalmente, olhando para Anita.

– Não há mais graça nisso!

Mas ela disse que faria questão de dizer o que pensava sobre mim.

– Senhoras e senhores – disse, olhando para todos e rindo nervosamente. – Descobri quem é Marcel, o enigmático homem dos números, o estranho ser assexuado, o indivíduo apático que vive a sua vida sem rancor, pena, medo ou vontades.

Todos olharam curiosos para ela, inclusive Gilda.

– Marcel é um vampiro, o nosso vampiro de Emit, um ser gelado por dentro, quase sem sangue para se alimentar; uma pessoa apática, que precisa de outros seres humanos para poder prosseguir a sua vida e agir de alguma forma. Sim, ele é o verdadeiro vampiro – não o vampiro dos filmes que assistimos – mas um bem mais real e assustador.

Prosseguiu, diante do mais absoluto silêncio:

– Para ele, o tempo não passa; a vida lhe parece monótona e irreal e apenas os números têm lógica. De repente, encontra alguém que tem uma intensidade exacerbada; então, como um cão de caça, ele fareja, conquista, manipula e consegue extrair para si toda a vida dessa pessoa. A partir desse momento, passa a sentir a eternidade que tanto busca.

– Mas eu não me sinto sugada – disse Gilda, olhando assustada para Anita.

– É apenas uma questão de tempo – Anita respondeu.

Carl levantou-se e, como em um tribunal, apontou o grande dedo para mim e argumentou, fazendo o papel do advogado de defesa:

– Um vampiro nunca escutaria amigos da forma como Marcel faz, sem julgamentos, sem acusações. Acho hipocrisia qualquer um de nós aqui – pessoas que traem, se drogam, exercem o sexo de forma descontrolada – falar de Marcel, o único presente que não interfere de forma alguma na vida de outras.

Sarah levantou o dedo, também. Era perturbador perceber que estava num julgamento e eu me convertera no réu.

– Vejam – disse ela, mexendo nos cabelos. – Como todos sabem, além de artista, sou formada em Psicologia e conheço tipos como Marcel. Eu não diria que ele é exatamente um *vampiro*, mas podemos chamá-lo assim, para facilitar as coisas. É um típico sociopata: um ser humano sem sentimentos, culpa, medos, remorso. Não há nele qualquer impulso de fazer o bem.

Gilda elevou a voz:

– Isso não significa que ele queira fazer o mal.

Herbert, muito corado e assustado, levantou-se. Havia vários advogados de defesa, percebi.

– Marcel é o meu melhor amigo. Foi o único até hoje que me ouviu, que me deu forças enquanto Sarah me traía, que teve paciência comigo. Vocês estão caindo na conversa de uma mulher invejosa como Anita, que está fazendo de tudo para que o homem que a rejeitou seja apedrejado. Não permitirei!

Josef assistia a tudo com delírio nos olhos. Provavelmente, imaginava personagens para seu próximo livro. Pediu licença para falar:

— Vejam, não posso testemunhar, pois não conheço o réu. (dei uma risada sinistra ao ouvir a palavra "réu". Eles estavam realmente me irritando, mas deixei que falassem para ver até onde chegariam e qual seria o meu veredicto final).

E continuou:

— Noto, porém, que é um sujeito calado, que não se defende. Certamente, deve ter algum tipo de fobia social, pois se sente sufocado na presença de seres humanos.

— Isso não o torna um vampiro, ou você não tem problemas, também? — Carl gritou. — Posso mencionar os problemas de cada um, se quiserem, mas acho que são bastante explícitos, até para vocês mesmos. Eu acredito na inocência de Marcel. Anita é culpada de todas as acusações que faz, essa mulher drogada e amarga.

Anita olhou para Carl, esvaziou outra taça de vinho tinto de um só gole, acendeu um cigarro e me fitou:

— Neste momento, Marcel deve estar sentindo raiva de nós, inclusive dos que o defendem. Ele é calado assim, justamente porque lhe falta vida para se alimentar. Ou não perceberam a mudança em seu olhar, assim que conheceu Gilda?

— Mudança que você desejaria ter realizado e não conseguiu — provocou Gilda. — Quanta inveja, Anita!

Sarah era de opinião que eu era culpado; Josef dizia que a teoria de eu ser um vampiro era interessantíssima e começou um bate-boca entre todos ali. Permaneci ouvindo, até que decidi levantar a mão:

— Quero saber qual é o meu veredicto. — Diante do olhar assustado de todos, prossegui: — Se eu estou em julgamento, mereço receber um veredicto.

– Meu cliente se declara inocente de todas as acusações – disse Carl, se adiantando, enquanto Herbert concordava, com a cabeça.

Olhei para Anita e disse:

– Então... O que deveria ser feito com um vampiro, Anita?

– perguntei. – Qual será a minha punição?

Ela desviou o seu olhar para Gilda e disse:

– Se tiramos Gilda dele, ele se revelará, bato uma aposta!

Gilda engoliu em seco. Abriu a porta da sala e pediu para que se retirassem. Acrescentou ter sido um engano o convite para festejarem.

Ao vê-los saindo, senti-me vitorioso. Afinal, o veredicto final havia sido dado por Gilda. Notei que meu relógio se adiantou por, pelo menos, duas horas.

2

Estávamos morando juntos havia dois meses. Às vezes, Gilda saía para fazer compras e eu sabia que ela estava com outro homem. Mas não me incomodava com essa ideia; o que não toleraria era imaginar que conseguisse o orgasmo que tanto queria. Saía do trabalho e, cada vez mais isolado, ficava observando Gilda, seus gestos, seu andar, sua postura, sua voz, cada expressão em seu rosto.

Quando ela me pedia para passearmos, quase sempre eu reparava nos olhares perversos da cidade de Emit.

Era uma tarde de sábado e eu esperava, aflito, o retorno de Gilda, que havia saído. Sentia o corpo vazio e dolorido, a alma incompleta.

Assim que chegou em casa, reparei que em seu olhar havia um brilho diferente.

– E Paris, seu grande sonho? – perguntou, sentando-se ao meu lado.

— Ah, desmarquei a passagem, mais uma vez. Quando pudermos ir juntos, tudo bem.

— Acho que deveria ir, Marcel — ela pareceu encabulada e um pouco triste. — É o seu sonho e não quero que desista dele por mim.

— O que quer dizer? Quer que eu vá embora, é isso?

Ela respirou fundo.

— Lembra-se de quando fizemos um acordo? Quando dissemos que, se um dos dois seguisse e encontrasse seu sonho, o outro iria entender?

Senti o rosto corado e o coração me disparar.

— Sim, Gilda, e recordo de você ter me dito que essa casa era um sonho seu. Então, não entendo onde quer chegar — mas eu entendia e temia ouvir; não suportaria.

— Marcel, isso vai doer... E sinto-me culpada, mas prefiro ser sincera, senão o que tivemos nunca terá sido real.

"Tivemos" — ela estava usando o verbo no passado. Senti falta de ar, meu peito se apertou, minhas mãos se contorceram.

—— Gilda, não faça isso, não faça isso...

— Marcel, sou grata a você e sempre serei, mas preciso lhe dizer.. dizer que estou saindo com Josef e o que sinto com ele nunca senti com outro homem, se me entende.

— Você conseguiu seu orgasmo? — exclamei, quase sem voz.

— Sim, e foi incrível, não sinto mais necessidade de outros homens. Ah, Marcel, sinta-se feliz por mim, finalmente estou curada.

Caminhei até a janela e fixei o olhar no balanço, que estava parado. Perguntei-lhe se queria que eu fosse embora.

— Não, eu é que vou. Afinal, não seria certo morar com Josef na casa que você comprou.

— Então, vá! — respondi, enfaticamente.

Ela subiu ao quarto para arrumar as malas. Ouvi tudo ao mesmo tempo: o barulho do vento lá fora, o zíper das malas se abrindo e fechando, cada lenço seu que caía ao chão, seus passos, a agilidade, senti tudo, senti sua alegria por estar apaixonada, a emoção por estar indo embora e o seu desprezo por mim.

Gilda desceu com três malas, colocou-as no chão e disse-me que pegaria o resto depois. Tentou sorrir, mas pareceu-me falso.

Virei-me novamente para a janela e ela veio em minha direção, abraçando-me.

– Eu sinto muito! Sinto muito mesmo!

Ao dirigir o olhar na mesma direção que o meu, percebeu algo diferente.

– Marcel, onde está a cadeira de balanço? – perguntou, um pouco indignada e curiosa.

Eu desfizera a corrente do balanço, que estava escondida sob o parapeito, com a qual, num gesto surpreendentemente rápido, imobilizei Gilda enrolando suas pernas e braços. Em seguida, levei-a até o porão e joguei-a ali, trancando a porta.

Ao ouvir seus berros histéricos, corri e amordacei sua boca. Depois, peguei uma cadeira e sentei-me à sua frente. Observei sua boca pálida e o olhar assustado, a respiração ofegante.

– Isso, Gilda, sinta, sinta o ápice da vida; queime por dentro, seja puta e não santa; seja você, mostre-me o brilho do seu olhar cada vez que um homem lhe penetra, deixe-me sentir os seus tremores, toda sua inquietação, excitação, força, audácia, libido, coragem. Com você sou um rei e posso correr; os relógios voam sobre mim e se aceleram, entende? Então, não ouse me tirar a vida que me deu, não ouse!!

Eu andava de um lado a outro, o corpo agitado, a mente inquieta.

— Amanhã eu volto e quero que dance, cante e ria para mim, entendeu?

Corri ofegante até o carro e a cem por hora pelas estradas de Emit, segui até o hospital, no intuito de acalmar um pouco o meu coração, que insistia em disparar.

Chegando à sala de espera, sentei-me e enxuguei o suor do rosto. Olhei para o enorme relógio prateado, que marcava dezesseis horas e trinta minutos. Ao conferir com o meu, constatei que esse estava cinco horas adiantado. Fixei-me no relógio da parede e permaneci fitando-o até sentir que meu corpo se desacelerava um pouco.

Ao olhar em volta, não avistei a velha Gertrudes. Observei uma moça morena com um bebê no colo, fitei-a e perguntei:

— Por quem esperam?

— Como? — disse ela, atônita.

— Por quem vocês esperam aqui? — repeti, irritado.

— Ah, sim, meu marido fraturou a perna num acidente e estamos o aguardando. Obrigada por perguntar. E o senhor... quem espera?

Olhei-a com uma raiva quase insana, mas sorri, controlando meus instintos.

— Espero pela minha alma, senhora — respondi.

Ela fingiu que entendeu e abaixou a cabeça, assustada. De vez em quando, me olhava disfarçadamente, enquanto balançava o bebê e dizia: "Está tudo bem, papai já vem".

Suspirou de alívio ao ver o marido surgir com um sorriso, após um tempo, na cadeira de rodas. Uma enfermeira o liberou, dizendo que estava tudo sobre controle e eles partiram. Antes de saírem da sala, senti, mesmo sem encará-la, a mulher me fitando pela última vez.

3

Com Gilda acorrentada na parte de trás do carro, rapidamente chegamos à cabana afastada que alugara para esse fim.

Fiz com que se sentasse no sofá e tirei-lhe as correntes das pernas e braços, assim como a mordaça.

– Se fizer escândalo, te prendo de novo.

Ela disse que sim com a cabeça.

– Ótimo. Gilda, temos todo o tempo do mundo para nós. Veja, comprei um piano para você. Quero que toque para mim, enquanto preparo nosso jantar. Agora, seja razoável e se lave, tome um bom banho e volte aqui, OK?

Mais uma vez assentiu e foi se arrastando até o quarto.

– Estou machucada pelas correntes, Marcel – disse, ao cair fraca ao chão.

– Então, rasteje – ordenei.

Ela assim o fez. Contorceu-se no chão, num esforço gigantesco, enquanto suas mãos arranhavam a superfície, Observei sua pele branca de palidez e seus lábios secos.

Ouvi seus gemidos, quando chegou ao quarto, e seu choro também. Logo após, o barulho da água caindo em seu corpo.

Gilda estava apática demais e senti-me estranhamente traído e, ao mesmo tempo, preocupado.

***

Mas o tempo passa, sempre passa. Às vezes, passa depressa demais; então, adiantarei alguns acontecimentos, pois agora, de onde me encontro, tudo é atemporal e nublado, caótico e extremado; não há equilíbrio e nem lógica – mesmo nos números, em minha mente.

Percebi o corpo de Gilda no chão, morto por dentro, talvez morto por fora – não me recordo.

Finalmente, o relógio parou, A sua inatividade me mostrou a fatalidade da vida: viver ou deixar a vida viver por mim? E como sempre, a sensação incômoda de não poder ir e não poder ficar também: tudo inexplicável, irracional, fatídico.

Corri ao aeroporto com a missão de seguir viagem para Marrocos. Esse era o plano A.

O plano B era seguir para Paris e lá permanecer.

Ambas as possibilidades me dariam dois estados de espírito e satisfação totalmente opostos: em Marrocos, eu seria o relógio adiantado, vivo, ágil, enfático, eufórico; eu me *tornaria* Gilda.

Em Paris, seria simplesmente o Marcel, sempre um pouco atrasado, mas teria o conhecido conforto de não precisar correr, suar, sofrer em excesso, amar em excesso. Apenas devoraria o meu *croissant* sem presunto e visitaria o *Champs Elisée* e a *Torre Eiffel*, caminhando lentamente pelas ruas reluzentes e limpas de Paris.

Mas os nossos sonhos são os que mais ficam estacionados no tempo, questão essa inexplicável e angustiante. Alguns sonhos são alcançados e deixam de ser sonhos; há no ser humano a urgência do tempo ou, quem sabe, da espera dele.

Por isso, já lhe adianto que não sei em que lugar fui parar (o que eu viria a descobrir depois). Apenas sei que um desses acontecimentos foi um sonho: não o sonho, como anseio de querer realizar algo; mas o conjunto de imagens que se apresentam durante o sono, após o qual se acorda com o sentimento de não ter agido.

Voltando ao relato do momento em que fui ao aeroporto: eu tinha passagem reservada para Marrocos, onde seria atendido pelo melhor urologista e poderia, em seguida, avançar no tempo.

Eu andava aflito de um lado a outro, mas, ao mesmo tempo, num ritmo bem mais calmo, lembrava-me do rosto pálido de Gilda caído ao chão. Não sabia se me sentia abalado demais com o fato ou apenas não entendia o porquê desse final trágico. Observei dois seguranças que buscavam alguém. Escondi-me atrás de algumas pessoas – um grupo de estudantes japoneses, que tiravam fotos de tudo e de todos. Fiquei ali, fingindo entender o que eles me diziam e vendo a polícia se aproximar do balcão de embarque.

De repente, senti uma mão em meu ombro. Estremeci, voltei-me com cautela e vi um homem com algemas na mão. Devo ter desmaiado, pois tudo escureceu à minha frente.

Mas, de repente, eu estava no guichê, e a atendente sorria para mim, dizendo-me que poderia fazer uma parada em Paris ou pegar o outro avião, que seguiria uma rota sem escalas a Marrocos.

Na minha primeira lembrança, finalmente consegui concretizar o meu sonho e fui a Paris, onde permaneci o resto de meus dias.

Lá tudo fazia sentido: havia uma lógica em acordar cedo para comer o pão quente, sentir o café já cheirando na esquina do pequeno bistrô, receber o sorriso da mulher na banca de jornais, além do passeio pelas tardes ora ensolaradas, ora nubladas – tudo ao mesmo tempo –, a visita aos museus, a habilidade de viver um sonho.

Em Paris, fui de fato feliz: nada era urgente e tudo era exato; não existia pressa, mas, sim, uma realidade – nem tão estática, nem tão acelerada: como os ponteiros dos minutos.

Suzanna entrou em minha vida, quando folheava o meu jornal e tomava o meu café, tranquilamente, na mesinha de uma linda praça. Ela era calma e sorridente. Depois de conversar por algumas horas no bistrô, fomos passear de carro e dois dias depois, já estávamos morando juntos.

Decidimos fazer uma viagem de trem por toda Europa, e a Grécia foi o local escolhido onde desejamos ficar por mais tempo.

Alta e esguia, Suzanna tinha os cabelos acobreados e olhos verdes. Não falamos muito sobre nossos passados, embora ambos soubéssemos que havia algo oculto e nefasto em cada um de nós. Mas a falta de cobrança e o aprender a viver o dia de forma coerente nos fez felizes. Enquanto as Ilhas Gregas se acomodavam em beleza e harmonia, nos abraçávamos no mar e rodopiávamos, queimados e prontos para retornar ao hotel.

Com Suzanna não havia necessidade de sexo ou a explicação pela falta dele; o amor era sentido, e abraços, toques e palavras sinceras – tudo estava encaixado, equilibrado e vivo, latente.

Pensei em ter filhos e comentei com ela, que me abraçou com força. Talvez eu estivesse realmente iniciando uma nova história e o sexo poderia ser uma forma de continuação, de equilíbrio, de força. Mas ao tocar sua pele aveludada, senti-me tonto, cansado, desanimado e aflito – e acordei em Marrocos.

***

O doutor Zaif era um tipo estranho, baixinho e gordinho, sempre sorridente. Pediu-me que eu me sentasse, enquanto me olhava com curiosidade de cima a baixo e preenchia algumas anotações num papel.

– Senhor Marcel, por que decidiu pela operação aos quarenta e cinco anos de idade?

– Doutor, finalmente criei coragem para isso e creio que só me sentirei bem dessa forma.

– Preciso que me conte em detalhes. É importante que eu saiba se há motivos suficientes para essa sua decisão de retirar seu pênis. Diga-me, o que significa a castração para o senhor?

– Significa não precisar mais dar explicações quanto à minha repulsa ao sexo, significa retirar algo que me incomoda e interfere em minha vida, em tudo!

– O senhor gosta de homens, senhor Marcel?

– Não, doutor, não se trata de opção sexual. Gosto de namorar mulheres e, às vezes, sinto uma ponta de desejo por elas, mas nada que me permita concretizar o ato sexual. A questão é que tenho verdadeiro horror a sexo e, por tabela, a este membro "a mais", preso em mim.

Ele, então, me explicou que faria primeiramente uma dissecação do reto e, em seguida, do pênis, que seria encaixado de novo, sendo colocado para dentro. Com facilidade poderia construir uma vagina, quase igual à verdadeira.

– Minha intenção não é ter uma vagina, mas apenas me desfazer de um pênis – olhei-o assustado.

– Mas, esteticamente, não faz sentido não finalizar a operação – argumentou.

Ele me convenceu de que aquilo era a melhor coisa a ser feita.

– OK, mas que tudo seja providenciado rapidamente, pois tenho pressa – encerrei a questão.

Meses após a recuperação ainda sentia dor, mas sentir dor, de certa forma, me fazia bem.

No quarto do pequeno hotel, retirei a roupa e me vi inteiramente nu à frente do espelho preso ao armário. Sorri ao constatar que a minha sexualidade não precisaria ser mostrada de forma patética e incoerente. Olhando o relógio em cima da mesinha de cabeceira, percebi que estava pronto para disparar no tempo e, finalmente, teria Gilda por completo, pois eu mesmo seria Gilda.

Comprei uma peruca preta e longa, a lente com a exata tonalidade de castanho, cílios postiços, batom vermelho, roupas coloridas e exuberantes, botas, saltos. Coloquei um vestido vermelho, parecido com o último que vira Gilda usar, uma sandália de salto alto e aberta na frente, exibindo unhas vermelhas e a boca de um vermelho quase sangue.

Segui até à rua das boates mais frequentadas e vi a aglomeração de pessoas que, assim como eu, apenas queriam se divertir um pouco. Mas como eu era Gilda e Gilda é o centro de tudo por onde passa, precisava me destacar no meio da multidão.

Subi em cima do balcão do bar, onde algumas pessoas faziam shows e recebiam aplausos, após se exibirem e comecei o meu próprio show.

Movimentei o corpo sem parar, enquanto meus cabelos pretos, em busca da sensação de liberdade, esvoaçavam na direção das pessoas próximas – numa carícia promíscua.

Levantei os braços e senti o que Gilda tanto buscava: eu era aplaudido e cobiçado por todos. O mundo me pertencia, além do meu relógio, no pulso, insistir em acelerar, agitado.

4

Voltando à cabana e ao tempo presente, ouvi Gilda sair do banho. Ela apareceu enrolada numa toalha branca, o corpo marcado, o rosto pálido, ar de cansaço.

Preparei o jantar e servi-lhe o macarrão com vinho tinto. Notei que ela comia por obrigação.

– Por que não come, Gilda?

– Estou cansada, muito cansada, Marcel. Preciso dormir.

Ela não poderia fazer isso comigo. Gilda *nunca* estava cansada, Gilda não precisava dormir; não havia tempo para descanso.

– Gilda, você não pode dormir! Preciso aproveitar cada segundo de sua vida.

– Se você me deixar dormir algumas horas, estarei pronta para lhe dar a vida que quer – negociou, deixando vislumbrar uma centelha da antiga Gilda.

Resolvi aceitar suas condições; afinal, eu não tinha escolhas. Observei o seu corpo cavalgando por terras desconhecidas, enquanto o seu ronco de cansaço a fazia presente. Prendi-me a esse som por horas para conseguir esperar até que ela acordasse para a vida e para mim.

Gilda passou uma semana tocando todas as músicas possíveis para mim, dançando para mim e sorrindo para mim - salvo quando eu percebia que ela desanimava.

Senti-me poderoso ao brincar com minha marionete viva, fazendo-a ser da forma que eu queria e precisava. Um dia, sua boca sorria, em contraste com a sombra azul nos olhos; no outro, um preto mais mórbido, mas exuberante, cobria-lhe o rosto e terminava no vermelho-sangue do batom. Comprei-lhe roupas e maquiagem, coloquei-lhe sapatos e a fiz rodopiar.

Quando sentia que Gilda precisava dormir, me desesperava, mas rezava para que ela roncasse um pouco – o seu sinal de vida. Nas noites em que parecia estar morta, acordava-a, suando e aflito, e a fazia cantar e dançar, até que eu mesmo fosse vencido pelo cansaço e precisasse adormecer por alguns minutos. Esses minutos eram tudo o que eu precisava; dormir não era um bom negócio e perder tempo estava fora de questão.

Um dia, estávamos sentados na mesa jantando e Gilda olhou-me com fúria.

– Monstro ... – sibilou, entre dentes.

Fingi que não ouvi.

Histericamente, ela começou a berrar:

– Monstro, monstro, monstro...!

Mas, para mim, até os gritos de Gilda tinham vida e eu preferia ouvi-la berrar do que se manter calada. Então, embarquei no som de sua voz e enquanto ela berrava e jogava talheres e pratos para todos os lados, compus a orquestra mais magnífica do mundo!

Gilda chorou e berrou por dias, mas de repente parou, ficou apática, fria, imóvel. Eu a chacoalhava, sem que reagisse. Comprei-lhe vestidos novos, mas ela nada fazia. Eu a sentava em frente ao piano, mas seu corpo caía sobre ele, como um saco de batatas, produzindo um som contínuo e frio.

Meu relógio começou a parar. Entrei em desespero; supliquei, pedi por misericórdia que ela desse um, apenas um sorriso; tentei simular um sorriso em seu rosto com minhas mãos, mas logo a boca voltou ao estado normal e estático e uma saliva amarelada escorreu pelo canto.

Meu corpo estava em perigo: o tempo passava e regredia, os relógios começavam a falhar, me sentia sem ânimo e apático. Refleti, andei pela casa, mentalizei, até que cheguei a uma conclusão: Gilda precisava de sexo!

Ao redor da cabana, distante do centro, nada se via ou ouvia, mas eu sabia que havia um pequeno bar ali perto. Entrei no carro e cheguei ao minúsculo lugar, cheirando a cigarro e álcool.

Umas três mulheres, visivelmente, se ofereciam a dezenas de homens tatuados, barbudos e fortes.

Um grupo de cinco homens que riam alto, gesticulavam, bebiam e fumavam sem parar me pareceu apropriado. Aproximei-me e eles me fitaram com desdém.

Um deles, enorme e negro, inteiramente tatuado, perguntou o que eu queria:

– Se quiser brigar, será uma "honra" amassar você como uma sardinha enlatada – provocou-me, enquanto era aclamado pela risada dos outros homens do bar.

Continuei olhando para eles e disse que precisava lhes falar com urgência.

As risadas aumentaram e as três prostitutas se aproximaram, sentando-se em cima do balcão. Cruzaram as pernas para ouvir o que eu tinha a dizer.

Olhei para o garçom e pedi uma cerveja.

– É bom você desembuchar logo, senão "a coisa vai ficar feia" – O negro me puxou com força, ameaçador.

Ao observar o linguajar pobre e a postura inadequada, achei-os perfeitos para fazerem Gilda reagir. Retirei a foto dela da carteira de meu bolso e mostrei a eles.

Um deles, um loiro desdentado e enorme, começou a bater as mãos no balcão do bar e a rir desenfreadamente. Olhou para mim e disse:

– Busca a sua esposa?

Não entendi a graça, mas todos riam cada vez mais animados e eufóricos. Talvez apenas quisessem rir de qualquer coisa; não havia mesmo muito sentido aquele bar com aquelas figuras estranhas. Mas para mim o sentido existia, por isso prossegui:

– Não, ela está em casa.

O negro, agora mais irritado, me puxou pela gola da camisa e senti meus pés no ar.

– Diga logo o que quer, babaca!

As prostitutas batiam palmas demonstrando contentamento; enfim, algo novo naquele bar onde nada deveria acontecer.

– Se me colocar no chão, eu digo.

Jogou-me de volta ao chão e eu sussurrei em seu ouvido:

– Não quero que ninguém ouça, entende?

Ele me puxou para um canto.

– Quero que você e seus amigos transem com minha esposa.

Abriu a boca e deu a gargalhada mais horrível que já ouvi na vida.

– O babaca aqui gosta de ver a esposa sendo enrabada por outros – gritou, virando-se para os demais.

Todos riram. Perdi a paciência e saí do bar. Mas, ao chegar no carro, uma mão gigante me puxou.

– Onde você vai? – era o negro.

– Ou você me leva a sério ou nada feito – retruquei.

Ele fingiu seriedade e fez um som de assovio com a boca. Chegaram mais uns nove homens enormes, que se espalharam em diversos carros e me seguiram até a cabana.

Gilda me olhou sem esboçar qualquer reação, quando entrei com os dez gigantes.

Ouvi os comentários: "Puxa, ela é linda", "Que mulher", "Como esse louco pode entregar essa preciosidade para os outros?", "Vamos fazer a festa".

Sentei-me no sofá e observei quando o negro arrancava a calcinha de Gilda rasgando-a com a boca. Os outros faziam fila atrás dele.

Ele lhe lambeu o rosto como se estivesse dentro de um pote de chocolate, arrancou o vestido vermelho e o corpo já bem mais magro de Gilda ficou exposto a todos.

Batiam palmas, gritavam. Gilda era um oásis no meio do nada, uma premiação.

Observei atentamente a sua expressão enquanto o negro a penetrava e gemia alto, apertando-a com força e balançando o corpo com rapidez e desejo.

Ela permaneceu estática.

A fila prosseguiu, homens entravam e saiam de Gilda, alguns quiseram repetir o ato, se empurravam, viravam-na de um lado a outro, mergulhavam nela como se estivessem num oceano.

Olharam para mim agradecidos e sorridentes, ao saíram batendo a porta.

Ouvi o negão gritar:

– Precisando de nós, é só chamar.

Gilda estava pálida, imóvel, sem nenhuma reação, nada! Fiquei furioso: meu relógio de pulso atrasava cada vez mais; alguns haviam parado totalmente; outros continuavam com um tique-taque bem leve e quase agonizante.

Caminhei até o mato, arranquei com raiva algumas folhas das árvores e sentei-me no chão.

Tudo estava voltando a ser nada. Esmurrei o chão com o punho, mas tive uma ideia que me fez corar: se eu trouxesse Josef até a cabana, Gilda voltaria a ter vida – essa era a solução!

Dirigi-me até o telefone público com o carro e liguei para Josef. Apertava a caderneta de Gilda nas mãos, enquanto esperava, afoito, que ele atendesse.

Finalmente, uma voz:

– Alô!

– Josef, sou eu, Marcel.

– Cadê Gilda, seu maluco?

– Se ficar quieto e me ouvir, eu falo. Agora, se fizer um alarde e chamar a polícia, eu juro que...

– Está bem, eu prometo, eu prometo.

Passei-lhe o endereço da cabana e ele disse que já estaria a caminho. Na verdade, nada mais me importava: se chamasse a polícia e eu fosse preso; se viessem me espancar – tudo isso era insignificante, diante da necessidade de ver Gilda reagir da letargia em que se encontrava.

Lembrei-me de Anita e de suas palavras: "Ele é o nosso vampiro de Emit" e pensei em voz alta:

"Sim, Anita, talvez, de certa forma, você esteja correta".

Corri até o esconderijo, lavei Gilda, que estava imunda, penteei seus cabelos e a vesti com outro vestido vermelho que comprara para ela. Passei-lhe um batom vermelho, que combinava perfeitamente com a sombra escura em seus olhos e um lenço de seda ao redor do seu pescoço, que dava o toque final.

– Ei, Gilda, acorde, teremos visita. Você tem um encontro, acorde!

Deixei-a estirada no sofá, acendi um cigarro e o coloquei em sua mão. Esse caiu ao chão.

Ouvi o barulho do carro que se aproximava, corri e vi a picape de Josef parando em frente à cabana.

Abri a porta e ele levantou os braços.

– O que você está fazendo? – perguntei, intrigado.

– Pode me revistar, estou sem armas.

– Isso não me importa – dei de ombros. – Tudo o que quero é que você acorde Gilda.

Antes mesmo de se aproximar de Gilda, só de olhá-la à distância, Joseph percebeu que havia algo errado.

– Meu Deus, o que fez com ela? – me encarou, horrorizado.

– Não fiz nada. Ela está apenas perdendo "tempo". Faça-a acordar, vamos!

Inquieto e preocupado, Joseph correu até Gilda e a abraçou. Chorando, disse-lhe mil palavras de amor.

– Cale-se, Josef, e comece a transar com Gilda – ordenei, caminhando até eles.

– Você está louco? Esta mulher precisa de um médico, está em estado catatônico! Como quer que eu...

– OK, então, obrigado e retire-se agora.

Josef tirou o casaco de lã, pois estava visivelmente suando.

– O que você quer, Marcel? Se me deixar levá-la ao hospital, eu lhe dou o que quiser.

Percebi o tempo voando como uma lasca sobre mim e tentei agarrá-lo, mas não consegui; ele me escapava.

Bati o pé no chão. Em seguida, corri pela sala a fim de fazer algum relógio voltar a funcionar e joguei-me em cima de Gilda, agarrando o seu pescoço.

– A escolha é sua! – disse, fitando Josef.

– Certo, solte-a, eu farei o que pede!

Coloquei-a no chão e expliquei a Josef que ela estava limpa, e não deveria sentir nojo. Olhou-me assustado, chorando, retirou a calcinha de Gilda e passou as mãos suavemente pelo seu rosto, disse "eu te amo" diversas vezes e beijou-lhe os seios em desespero. Depois, abriu suas pernas e a orquestra começou a tocar novamente. Enquanto era penetrada, Gilda começou a esboçar expressões, seus olhos se abriram, a boca sorriu de leve, e, de repente, a explosão: ela gemeu, gemeu mais forte e soltou um grito de prazer, agarrando-se a Josef com toda a força do mundo.

Senti-me vivo, feroz, audaz, com o tempo voltando a correr em todos os meus relógios. Tive a sensação de poder voar, o espaço era meu, o mundo pertencia a mim, o tempo me obedecia mais uma vez, meu corpo queimava – numa mistura de desejo e êxtase. Abri a boca e gritei tão alto, que senti os tímpanos vibrarem, a garganta seca, os pelos arrepiados.

Não havia mais ninguém ali, apenas a minha sensação de prazer profundo. Enquanto gozava o deleite da vida, senti um golpe e caí ao chão.

Arrastei-me até Gilda, enquanto ouvia as sirenes do lado de fora. Josef gritava "maldito" e tentava me empurrar. Dei-lhe um chute e ele voou longe. Ao encontrar o pescoço de Gilda, lembrei-me das palavras de Anita: "Ele é o vampiro de Emit". Então, apertei-o com força e suguei-lhe o sangue, que jorrou quente em meu rosto. Tive a sensação da vida em sua plenitude e da fome saciada .Ouvi um barulho, um leve estalo e a voz de Josef:

– Você está matando-a, pare! – gritou.

Ensanguentado, olhei Gilda caída ao chão e, sem saber se estava morta ou não, corri o mais rápido que pude.

CAPÍTULO 3

Olhos de Bety Davis

Permanecer num hospital psiquiátrico por quase vinte anos faz com que se tenha a sensação do tempo estático. Aqui não é permitido o uso de relógios, sendo que o único que podemos mirar é o da sala do doutor Caio, isso quando somos chamados para uma consulta particular com ele.

Não me recordo muito desse período, mas há cenas que me ficaram bem marcadas.

Doutor Caio, um homem alto e magro, sentou-se à minha frente e me ofereceu um cigarro. Disse-lhe que não fumava e agradeci. Afinal, isso era o certo a fazer.

– Muito bem, Marcel, você já está aqui há dez anos e, finalmente, recuperou a lucidez.

Concordei com ele, tateando o protocolo a seguir.

– Como se sente? – prosseguiu, com os olhos me fixando por cima de seus óculos.

– Parado novamente – disse.

– O que quer dizer com "parado"?

– Simplesmente parado, doutor.

– Marcel, preciso que converse comigo, certo?

– Doutor, esse seu relógio de parede está funcionando?

– Sim, está.

– Que horas o senhor vê nele?

— Dezessete horas e cinco minutos, por quê?
— Porque eu o vejo parado.
— Gostaria de falar sobre isso?
— Agora não, não sinto vontade. Apenas gostaria de saber o que aconteceu, pois tenho tido alguns sonhos e não sei quais são reais, se aconteceram ou não.
— Pergunte-me, Marcel.
— Gilda... Ela está viva?
— Sim, está viva, casada e com filhos.
— Mas me lembro de ter tentado matá-la!
— Sim, mas o socorro que recebeu foi imediato. E você foi pego tentando chegar ao aeroporto de Emit. Foi difícil o conduzirem; estava agitado demais.
— E Marrocos? Nunca fui a Marrocos?
— Não, não foi.
— E então, eu consegui ir a Paris? Casei-me com Suzanne?
— Não foi a lugar algum, Marcel; a polícia o pegou na entrada do aeroporto. Não houve viagem, tudo isso foram sonhos. Não se esqueça de que está aqui há dez anos. Sua mente estava tentando encontrar equilíbrio, entende?

Disse que entendia só para não prosseguir com aquela conversa. Mas perguntei-lhe sobre Suzanna, pois ela me parecera real demais. Pediu-me que eu a descrevesse.

— É Paola, a enfermeira da noite – concluiu, sorrindo, à minha descrição.
— Estou, então, com cinquenta e cinco anos, doutor?
— Exato, Marcel.
— E ficarei aqui até quando?
— Se continuar progredindo desta forma admirável, quem sabe você não saia bem antes que o previsto?

– A sala de espera, doutor... Existe uma, aqui?
– Sim, por quê?
– Alguém esperou por mim?

Ele abaixou a cabeça e eu pedi licença para me retirar.

Lembrei-me, aos poucos, de situações reais que ali vivenciei, como por exemplo, as sessões de ECT (terapia) a que fui submetido. A cama era estreita e o quarto gelado. Eu gritava, enquanto me amordaçavam e me amarravam o corpo todo. Sentia a pressão em minha cabeça e uma corrente elétrica me fazia pular diversas vezes, como se eu fosse um carro de brinquedo que bate e volta, bate e volta. Recordo-me de várias dessas sessões e dos rostos de enfermeiros que riam, outros permaneciam estáticos; vozes que diziam palavras de ordem, como: "Agora", "Mais uma vez", "Agora, aumentaremos a força", "Por hoje, chega".

Uma outra imagem que me vem à mente com clareza é a de ter conseguido, por vezes, escapar até uma pequena sala de espera vazia, mas devo ter delirado, pois toda vez que me dirigia para lá, via uma mulher encapuzada, escondendo o rosto – ora andava de um lado para o outro, ora permanecia imóvel.

Eu estava na sala de Televisão e assistia a um desenho animado solicitado por algum interno, quando meu olhar se fixou na velha senhora, encostada à parede, clamando pelo filho.

Gertrudes! Eu sabia que o seu nome era esse e lembrava-me vagamente de ter tido algum contato com ela.

Aproximei-me e perguntei se me reconhecia. Sem responder à minha pergunta, me indagou:

"Meu filho está bem? Quando o verei?"

Flashes mentais da sala de espera e daquele rosto cheio de rugas me guiaram até a maternidade, onde bebês sorriam para mim.

Movido por alguma razão desconhecida, instintivamente, corri ao quarto e embrulhei o meu travesseiro num cobertor. Dirigi-me até a velha e lhe ofereci o seu "filho". Não consigo me esquecer da sua expressão de felicidade: era como se, finalmente, houvesse um descanso após tanto tempo e espera.

No dia seguinte, Gertrudes faleceu, sorrindo, abraçada ao meu travesseiro. A sua espera havia finalizado!

***

Recebi uma visita de Carl e Herbert. Foi estranho constatar um Carl bem mais magro, em que seus cabelos grisalhos lhe conferiam um ar sério. Já Herbert era o mesmo de dez anos atrás, com seus cabelos lambidos, expressão de medo nos olhos e o habitual rubor nas faces.

Era difícil conversar com eles, após a ponte ter sido quebrada. O tempo faz com que a intimidade se cale e não havia mesmo muito o que falar.

Contaram-me que Gilda estava casada com Josef e tinham dois filhos. Ela estava totalmente irreconhecível, feliz, e mal saía de casa. Não se aproximava de nenhum outro homem que não fosse Josef.

Anita, após várias crises de overdose, finalmente conseguira se recuperar das drogas, indo morar sozinha na casa que eu havia dado à Gilda.

– Por que lá? – perguntei, curioso.

– Ela se mudou, alegando que não poderia deixar a casa abandonada, é tudo o que sabemos – disse Carl.

Herbert se divorciara, assim como Carl, e ambos me contaram sobre mulheres que apareciam e sumiam de suas vidas.

Antes de ir embora, Carl me fitou e disse:
– Nunca se esqueça de que é o nosso melhor amigo, certo?
Concordei, porque não poderia questionar. Eles continuavam me elegendo a esse titulo e por mais curioso que me parecesse, não cabia a mim entrar em detalhes. Que assim fosse.

Agradeci e os vi indo embora: um passado que se arrastava pelos corredores brancos do hospital; duas pessoas que pouco sentido me faziam, definitivamente, pouco sentido mesmo. Mas, por algum motivo, senti vontade de chorar, não porque eu sentisse saudades dessas pessoas, mas porque elas sentiram saudades de mim e permaneceram por algum tempo – por menor que tenha sido – na sala de espera à minha procura.

Lembrei-me da cidade de Emit, dos relógios, dos golfinhos, do mar, do sorriso de Gilda; meu passado todo percorreu minha mente, me causando sensações estranhas. Era como uma pequena dor, uma espécie de sentimento preso, que se desprendia de mim, dando vazão a algo parecido com saudades.

O tempo sempre me perseguiu, fosse de maneira lenta ou rápida; sempre esteve presente de maneira marcante em minha vida. Por que teria o tempo – célere ou indolente – esse poder de transformar as pessoas em tantos questionamentos? Será que o mundo venderia tantos relógios, se fôssemos menos preocupados com tudo isso? Talvez!

E junto com o tempo, temos os sonhos: Paris, que ficou intacta em seu lugar e eu no meu; Gilda, que se casou e teve filhos; Gertrudes, que morreu na ilusão de um sonho realizado.

A minha estadia no hospital era dividida em sessões de terapia e ida à sala de recreação, onde eu tentava estabelecer contato com pessoas que mal falavam ou falavam coisas sem lógica. Mas que lógica havia em qualquer uma dessas atividades? Os números que tanto amei estavam distantes; perto de mim havia enfermos, que, com olhares esbugalhados e sorrisos desdentados, assistiam a filmes na televisão. E eu sabia que aqueles momentos eram cúmplices de um tempo em que um grupo se esquecia da sua loucura, para se fixar em fantasia.

Algumas vezes, eu conseguia escapar até a sala de espera, onde sempre via a estranha mulher com o rosto coberto pela capa de chuva azul.

Seria uma alucinação? Estaria eu novamente perdendo o juízo?

Viajei para o passado. É incrível como a mente humana pode ultrapassar os limites do tempo. Voltei ao dia em que tentara matar Gilda e recompus os fatos. Mas agora, com o tempo tão distanciado, eu não achava lógica para as circunstâncias de outrora.

Lembrei-me de seu vestido vermelho e da expressão apática e pálida em seu rosto, dos corpos enormes em cima dela, dos relógios que precisavam reagir e insistiam em parar. O piano encostado, sem som, canto ou alegria; a expressão de Josef e seu choro desesperado, frente ao corpo jogado ao sofá. O banho quente que preparei; a toalha branca com flores nas bordas que ela usou; os pingos de chuva lá fora; a picape suja e gasta esperando; os policiais; os sapatos altos; a aflição; a aceleração da mente e do coração; a inexplicável necessidade de reaver um sorriso perdido; uma dança; um toque; um gesto qualquer; as mãos longas e os dedos finos; os lábios vermelhos; uma flor murcha nos cabelos e os olhos...

Como eram mesmo os olhos de Gilda?

Mas em minha mente refiz tudo. Eu podia usar essa técnica e assim o fiz! Então, naquele dia fatídico, Gilda, corada, descia para jantar em um vestido vermelho, que contrastava com a cor avermelhada de suas bochechas macias, os pés descalços e o largo sorriso enfatizavam a sua felicidade e, para mim, aquilo bastava.

Aproximava-me dela e beijava-lhe a face com carinho, sendo retribuído com um abraço quente e outro sorriso.

Depois, ela se levantava e se dirigia até o piano, tocando Beethoven, o que me fazia relaxar e viajar mentalmente para Paris.

Sozinho em Paris, comi o meu desejado croissant com queijo e sem presunto (não que os outros croissants não fossem bons, mas os de Paris eram especiais, por eu ter assim decidido).

Mordi lentamente o pão e senti o gosto do queijo quente e da manteiga derretendo em minha boca. Tomei um gole de café e me debrucei sobre o parapeito do bar. Pessoas caminhavam e o tempo era agradável em Paris, onde fazia sol – mas não estava propriamente um dia quente.

Uma mulher se aproximou do bar e, embora não conseguisse ver seu rosto, sabia que não era Gilda. Enxergava apenas as longas pernas brancas, dentro de um par de botas pretas de cano curto. Ela pediu um café e sentou-se ao meu lado. Nada falamos um ao outro, deixando o tempo correr; éramos desconhecidos e isso não nos importava. Pensei em lhe perguntar as horas, mas a ideia me pareceu idiota demais: não havia necessidade do tempo ser descoberto e desvendado, pois aquele momento era o que bastava.

Demos as mãos um ao outro e descemos pela longa rua parisiense, observando os sapatos e os gestos das pessoas apressadas e nos fixamos apenas nos casais que se abraçavam nos pequenos, mas confortáveis bancos da praça. Havia um cheiro adocicado em cada esquina, em cada rua, em cada canto. Um vento gelado começou a bater em nossos rostos e corremos de mãos dadas até uma pequena casa, bem decorada, humilde e bela. Esquentamos nossos corpos debaixo de um cobertor xadrez e rimos do gato que emitia sons fortes, pedindo a nossa atenção.

Peguei o controle e ao colocar um filme clássico, gelei...

Senti o coração disparar, pois o que via na tela da televisão era a resposta para anos de descobertas frustrantes. A solução da questão estava, finalmente, ali, diante de mim: tão obvia e clara, tão exata e certa, e eu nunca havia me dado conta.

Durante cinco anos permanecera pensando nessa cena, sem conseguir tirá-la da mente, mas com a calma de quem espera pelo fim da condenação, obedeci ao tempo e aguardei.

Até que um dia, após quinze anos, me vi do lado de fora do hospital, com sessenta anos de idade e uma verdade em minha mente.

***

Calei-me durante o percurso de táxi até a cidade de Emit. O taxista ouvia *blues* e as estradas me pareciam completamente diferentes.

Chegamos à avenida principal, onde se via a praia ao longe e os turistas, que haviam invadiam a cidade. Emit havia se tornado uma cidade turística, mas havia um certo glamour nas pessoas que ali passeavam.

Ao adentrar o hospital, constatei que continuava pequeno, mas o número de pessoas na sala de espera havia aumentado. Como um bom religioso, fitei o grande relógio na parede, que havia sido trocado por um dourado, ainda maior. Observei a sua estrutura e as cores cintilantes dos ponteiros, mas não me preocupei em verificar as horas.

Sai de lá com mais certeza de minha verdade: ela estava estampada como uma tatuagem antiga, porém refeita em minha pele.

Caminhei em passos lentos. Era bom andar e sentir o vento no rosto.

Uma mão me bateu com suavidade por trás, no ombro, enquanto eu comprava uma mexerica na pequena vendinha. Ao me virar, vi uma moça sorridente, que me perguntou:

– O senhor tem horas?

– Não – respondi. – Definitivamente, não tenho...

Eu não estava em Paris, mas Emit tinha um sol encantador. Parei no calçadão e senti os raios me penetrarem na pele. Imaginei como eu estaria: fazia quinze anos que não me olhava num espelho.

Parei numa pequena loja, dessas que vendem de tudo e pedi um espelho. Deram-me um pequeno, de maquiagem, que aceitei com um sorriso.

Defrontei-me com um homem diferente, com cabelos brancos e algumas rugas no rosto, que faziam meus olhos parecer menores. No canto de minha boca, essas também se espalhavam, como se fossem pequenas ruelas e bifurcações.

Fechei o espelho. Dei o estojo a uma bela jovem, que passava. Ela agradeceu, mas estranhou.

"Você é bonita o suficiente para precisar de um espelho", respondi.

Sorriu, me agradecendo mais uma vez. Parou para se olhar e arrumar os cabelos.

Sorri de volta e prossegui andando. Comi a mexerica enquanto andava, pois estava com sede. O gosto era bom.

Passei na frente de uma pequena loja de relógios, que era onde eu antigamente consertava os meus. Várias pessoas esperavam para ter seu tempo de volta.

Continuei.

Devo ter andado muito, pois o suor em meu rosto e corpo denunciava uma longa caminhada e o cansaço começava a me atingir.

Diminuí os passos. Quase me arrastei. De qualquer maneira, andaria e chegaria ao meu destino, à minha meta.

Um casal de velhos passou por mim e sorriu; correspondi ao gesto, sem me questionar sobre tal reciprocidade.

Um cão sarnento insistia em me seguir. Parei e comprei um pão, jogando para ele, que mastigou com pressa o presente. Continuou a me acompanhar, e deixei; cada qual com sua meta e direção.

Enfim, cheguei!

Fosse quem eu fosse, agora havia uma verdade e essa me direcionava no tempo.

Não sabia se era um vampiro, um louco ou apenas um velho, mas havia em mim a sensação de ser eu mesmo. Isso me fortaleceu.

Toquei a campainha da casa. Nenhuma resposta. Voltei a tocar. Eu e o cachorro permanecíamos atentos à porta.

Finalmente, som de passos. Uma mulher de seus quarenta anos de idade, com alguns poucos cabelos grisalhos, abriu a porta e sorriu.

– Entre.

– O cão pode entrar, também? – perguntei. – Afinal, ele percorreu um longo trajeto.

Fez um gesto afirmativo com a cabeça.

Sentado no velho sofá, contei-lhe sobre pessoas e pensamentos.

Ela me contou também que havia um segredo para revelar:

– A mulher na sala de espera era eu.

Sorri aliviado.

– Mas por que não foi me ver? – indaguei.

– Porque eu sabia que você precisava de tempo.

– Então, durante quinze anos frequentou a sala de espera? – perguntei, incrédulo.

– Sim, todos os dias, durante quinze anos.

Fitando-me, disse que precisava saber algo.

– Pode perguntar o que quiser – incentivei. – Eu respondo.
– Por que veio até aqui?
Nessa hora, o cão sentou-se ao nosso lado e tornou-se cúmplice.
Olhei-a com calma, mas firmeza e disse:
– No hospital tive vários sonhos: alguns com Paris; outros com Gilda; e alguns com desconhecidos, que me preencheram a vida, a mente e as horas. Mas foi num desses sonhos, um "sonho acordado", em que eu imaginava Paris e uma estranha sem rosto a me acompanhar sem dizer nada, que tive a revelação.

No sonho, chegávamos a um hotel e ligávamos a TV, onde havia um filme clássico passando. Nesse momento, senti uma espécie de calafrio, como se uma descoberta me invadisse, após tanto tempo sem respostas. Mas a imagem que recebi em minha mente não me bastou. Então, corri à sala de recreação do hospital, onde o grupo ali presente assistia televisão e, numa coincidência incrível e admirável, o filme era "A Malvada", com Betty Davis. Seus olhos pararam a tela e a mim, tornando-me cúmplice a encarar os fatos. Sim, os olhos de Betty Davis são os mais lindos que já vi em toda minha vida.

Anita sorriu e sua boca se contraiu. O choro, tanto tempo aprisionado, começou a descer como uma cachoeira. Ao ver seus enormes olhos azuis, senti-me real.

– Às vezes a vida nos prega peças, que podemos levar anos para enxergar uma verdade – balbuciei.

– Sim, mas isso faz parte da vida – concordou ela, continuando – É para isso que estamos neste mundo: deve haver uma ordem e um tempo para cada um de nós.

Fez-se uma longa pausa, o tipo de silêncio de quem não precisa dizer nada. O cão estava com sede, sua língua alongada e cheia de baba denunciava que desejava um balde de água. Anita buscou comida e água para ele e, em seguida, esse adormeceu em paz.

Peguei-a no colo e levei-a até o quarto. Coloquei-a com cuidado na cama e tirei-lhe os sapatos, enquanto observava um par de chinelos que me esperavam ao lado da cama, cansados e honestos. Lentamente, despi-a e deitei-me ao seu lado. Beijei-lhe o rosto, a boca, o corpo e penetrei-a, sentindo-a por dentro. Meu corpo todo estremeceu, enquanto eu entrava e saía dela: senti-me repleto; o tempo parou; tudo lá fora ficou estático, imóvel; não havia som ou ruído; éramos apenas dois seres no centro do universo. E nessa mistura de rapidez e lentidão, soltei um grito de prazer!

PARTE 2

Gertrudes

Tempo de Luto e Expiação

Há um tempo em que é preciso abandonar as roupas usadas...

Que já têm a forma do nosso corpo...

E esquecer os nossos caminhos que nos levam sempre aosmesmos lugares...

É o tempo da travessia...

E se não ousarmos fazê-la...

Teremos ficado...para sempre...

À margem de nós mesmos...

(Fernando Pessoa)

CAPÍTULO 1

O Decreto

Ao entrar sussurrando na praça francesa e movimentar um vento dorminhoco, soltou seus uivos e sentiu a vibração de corpos e peles arrepiadas. Alguns se esconderam dele; outros (o vento) disseram que ele anunciava a chuva chegando. Uma correria afoita o fez soprar ainda mais alto seus berros de terror, não porque normalmente se divirta com a reação dos humanos, mas, sim, porque precisa respeitar o ciclo natural da vida cósmica.

Assim ele é: às vezes chega de mansinho, às vezes se apressa, mas sempre observa. Às vezes, é vento; às vezes, sol; nunca metódico, mas sempre alerta. Chamam-no: Tempo.

Naquele dia a praça ficou deserta. Alguns pingos de chuva anunciavam a chegava de um temporal, ou simplesmente refletiam e aguçavam a visão mais aterrorizante que o Tempo já presenciara em toda sua existência eterna: uma mulher, com cabelos soltos e emaranhados, olhos esbugalhados, abaixava-se em posição de reza. Abria os braços e gritava um nome: "John". Berrando por ele, no meio do vazio ela era a presença que tumultuava a pequena praça.

Gertrudes esperava por pessoas que prometiam vir. Afinal, hoje ela falaria sobre sua nova lei, seu decreto, sua ordem. Eram três horas da tarde e a maioria das pessoas já estavam em casa tomando chá, mas ali permaneceu, com a boca aberta, mãos trêmulas, corpo encolhido e agitado.

Duas pessoas se aproximaram, provavelmente um jovem casal de namorados, curiosos com a cena.

Gertrudes continuou aguardando. Afinal, dois eram pouco e o tempo estava correndo...

Depois de duas horas, a praça se tumultuou novamente, pois a chuva não viera, mas trouxera um leve sol de começo de noite alaranjada.

Elevou, então, o olhar sobre eles e iniciou o seu discurso:

– Estou aqui para instaurar uma nova lei, um decreto. *Psiuu*... Escutem-me com atenção, pois posso sentir o Tempo ao nosso lado, e ele está apressado; não percamos um único segundo. Esta lei, que é essencial e será eterna, precisa ser implantada o mais rápido possível.

Os rostos na multidão olhavam assustados para aquela mulher jovem, bela e insana. Até alguns policiais se posicionavam parados, esperando algo acontecer, como justificativa para não precisarem estragar o momento.

O céu laranja cuspia fogo e a praça parecia bela e cruel.

Gertrudes andava de um lado ao outro; ora se arrastando como uma cobra, ora elevando o pescoço para ver se alguém a entendia.

– A lei que instauro hoje não precisará de assinaturas e vocês entenderão por quê. A partir de agora, proíbo que uma mãe, seja ela qual idade tiver ou em qual lugar estiver, perca seu filho! Perder um filho é condição equivocada e insuperável; então, que os deuses assumam como responsabilidade que a vida de uma mãe será sempre menor que a de seu filho. Isso é uma questão lógica, de ordem cronológica: por que desarrumam o tempo desta forma? As mães que aqui se encontram sabem do que falo: enterrar um filho é morrer junto a ele e continuar catatônica, andando, andando, sem rumo. Decidi que isso não poderá mais acontecer: os filhos mortos voltarão aos braços de suas mães e esperarão que essas morram; assim será, assim deverá ser feito.

Algumas pessoas riam, outras se afastavam e os policiais ansiavam por mais.

– Eu quero tempo com aquele que pari e perdi. Devolvam-me os momentos sem ele: que seja um segundo a cada mês, um minuto a cada ano, ou uma hora a cada cem anos, não importa; mereço o direito de visita! Peço ao Tempo que me dê condições de reencontrar meu filho, que sequer provou do meu leite, que ainda derrama em meu vestido de mãe – ele, que deveria estar sendo acariciado e embalado; e eu, que deveria estar enchendo-o de beijos e mimos. Tomaríamos sorvetes e ficaríamos todos lambuzados, brincaríamos no chão como duas crianças alegres e eu permaneceria ao seu lado ao sentir medo e aflição à noite, quando gritaria meu nome pedindo para dormir comigo. E eu estaria ali, quente e protetora, sábia, fiel e incondicional. Me tiraram o ar e continuo respirando; me retiraram uma pequena vida, que era a continuação da minha; então, por que não me levaram junto? Isso não tem lógica e tampouco razão de ser.

Sua voz se elevou, clara, em meio ao mais absoluto silêncio e era possível sentir as vibrações dolorosas, enquanto proferia seu discurso insano:

– Determino que hoje sentirei o cheiro de meu filho, buscarei por ele em cada canto da cidade; na primavera, verão, outono e inverno; em cada lua cheia; em cada solo perdido e deserto; dentro de incubadoras e fora delas; seguirei rastros que não enxergo mas sinto. Enfim, ressuscitarei o meu pequenino John. Que essa lei, ouçam-me, seja aplicada e ouvida por todo o universo e que o Tempo compreenda que dor de mãe é irracional ao perder um filho, é intrínseca e desalmada, uma dor opaca com cheiro de enxofre e agrião, com cheiro de leite podre, algo assim...

E quando ela levantou os braços, o céu tornou-se mais alaranjado, com as árvores da praça sentindo medo e calafrios, pois se balançaram todas, e suas raízes tão "enraizadas" perderem o chão. Algumas senhoras na praça tentavam esconder uma súbita dor, outros riam e, finalmente, os policiais seguraram Gertrudes e a levaram para longe do tumulto.

***

Mimi abraçava a filha em frente à lareira tentando lhe dar um pouco de suco, mas esse caía pelo rosto da moça, que babava como um cão faminto e raivoso.

– Filha, precisa encarar o luto – disse, angustiada.

Mas Gertrudes não queria encarar luto algum. Sentia-se, afinal, pronta para a vida que gerara e como, a condição natural e intrínseca de ser mãe lhe era subtraída, assim, de uma hora para outra, tendo se preparado por nove meses para isso?

Olhou assustada para Mimi e abaixou a cabeça, chorando em confusão e dor.

– Mãe, preciso reencontrá-lo, restabelecer o meu direito de maternidade. Olhe esses meus seios inchados: estão prontos para alimentar; meu ventre ainda estufado e quente sente o peso de meu bebê; eu não posso...

Fez uma pausa, que pareceu eterna à Mimi.

– Hoje fiz um decreto e não sossegarei enquanto o meu filho não me for devolvido; quero vê-lo, senti-lo, nem que seja por um único segundo.

Mimi sentia o coração de mãe apertado. Se pudesse, certamente daria a própria vida para trazer o pequeno John de volta à Gertrudes, mas sabia que não podia e encarava a insanidade da filha com preocupação e uma sensação de desespero, aflição, agonia e rancor. Pensou em mil possibilidades e a única plausível pareceu ser "dar tempo ao tempo", quando a dor da maternidade recém-interrompida se apaziguaria e daria lugar a outras sensações e, assim, consequentemente a sua dor também.

Observou o corpo de Gertrudes, uma mulher jovem nos seus vinte e um anos de idade, quase ainda uma menina e sentiu vontade de amamentá-la para fazê-la parar de chorar. Carregou o corpo frágil e ossudo da pequena, subindo os vinte degraus que davam ao quarto, colocou-a na cama, e cobriu-a com um edredom, apoiando uma almofada atrás do travesseiro para ajeitá-la melhor.

A criança confusa, agora, dormia e até roncava. Sentou-se ao seu lado e pegou-lhe a mão, segurando-a com força. Observou a expressão de horror no canto dos olhos da filha. Sentiu-se horrorizada também, ao observar a boca seca e azulada, a pele branca e cansada, e só adormeceu quando teve certeza de que os batimentos cardíacos de Gertrudes não estavam mais tão descompassados. "Certamente, está no meio de um bom sonho; que continue sonhando", pensou...

Acordou assustada no colo da filha, que ainda dormia, e olhou no relógio. Estava exausta: levantou-se e ajeitou o edredom de Getrudes, depois desceu para tomar café.

Olhou para o piano, enquanto engolia o café e lembrou-se de Gertrudes jovem, cantando e tocando, com duas fitas vermelhas presas em tranças, o vestidinho branco e rendado e a inocência de um tempo passado e bom.

Mimi perdera o marido quando Gertrudes estava próxima do nascimento, sendo ela a sua salvação para um luto demorado e cruel.

Mas lembrando-se dessa época, sentiu um breve alívio, pois o tempo a fizera curar-se da falta do marido, da saudade, da dor do luto e de outras dores sub-reptícias e tudo fora amenizado, com a transformação do desespero em condição passada.

Mas, de repente, estremeceu, pois imaginou: e se a perda tivesse ocorrido com a filha, teria esse tempo tido esse mesmo efeito curativo e amenizador? O sangue lhe subiu às faces, o coração acelerou, ao pensar que não haveria tempo para um amor incondicional por parte de Gertrudes – ou haveria?

O Tempo estava, nesse momento, sendo colocado à prova.

Andou até o velho piano e relembrou fatos, sorrisos, abraços, o nascimento da filha, a primeira vez que vira seus olhos amendoados, que a vira engatinhar, andar, falar, sofrer, rir, cantar...

O sofrimento da filha certamente era imensurável, mas algum dia seria passado. Rezou para que os anos corressem mais rápido, rezou diante da percepção horripilante da tormenta, que apenas anunciava a sua chegada.

Ouviu um barulho e estremeceu. O Tempo a observava pela janela e, sem querer, movera as cortinas de maneira inesperada. Com a postura elegante de sempre, Mimi levantou-se e observou o mundo lá fora: a praça ao longe, onde crianças brincavam, jovens andavam de mãos dadas e senhoras se reuniam para conversar. Havia sol, o que era adequado para um dia repleto de alegria numa praça parisiense.

Afugentou a lágrima que tentava escapar, sentiu a dor do parto de uma filha já adulta e, mais envelhecida, andou devagar até o quarto de Gertrudes.

– Vejo que está acordada, querida. Quer um pouco de suco? Deixe-me abrir a janela, o sol está encantador!

Mas os olhos abertos da filha não a faziam falar. Gertrudes estava catatônica, apática, como uma boneca antiga, linda e estática, com grandes olhos acinzentados.

O sentimento de perda naquele ambiente tinha cheiro, gosto e remetia a caos. Mimi pensou em flores mortas para um defunto e soube, então, que Gertrudes estava sendo transportada para uma espécie de mundo paralelo, um lugar frio, porém acolhedor, onde o sonho dá vazão ao real, onde as mães possuem tempo de sobra: a eternidade.

O Tempo fixou-se, cansado, nas duas mulheres à sua frente e observou a árvore mais antiga da praça. Brincou com ela, fazendo-lhe cócegas, porém essa não riu: estava ereta e suas folhas caíam ao chão rapidamente. Estaria a sua amiga árvore triste, por ter presenciado a cena do decreto na praça parisiense ou estaria demasiadamente aborrecida por precisar carregar um tempo quase infinito nas costas?

Gertrudes esticou os braços e sorriu. Mimi a observou sem dizer nada.

"Seus braços, assim tão longos e alvos, se assemelham aos galhos da árvore desolada", pensou o Tempo.

Fazendo um gesto de quem encontra um outro corpo e, brincando com o nada, Gertrudes apertou no colo uma criança invisível. Depois, passou-lhe a mão pela cabeça e retirou para fora do vestido o seio inchado e entumescido de leite materno, vida e tempo.

Mimi observava a filha, a quem, calada, tentava consolar e lembrou-se, sem conseguir evitar, de um antigo amante que tivera, a única traição que se permitira executar. Foi rápido, porém intenso. Ele era um artista novato, dedicado à musica e ela, a esposa do professor, do maestro.

Mimi sentia o Tempo passando por sua vida, impedindo-a de um afeto maior com o marido, que, por algum motivo, não mais a enxergava como mulher. Eram amigos, cúmplices, e parecia que para ele estava bom daquela forma.

Quando o jovem artista entrou na sala de sua casa e Mimi ouviu-o ao piano, guiado por seu mestre, algo inusitado aconteceu: uma certa jovialidade perdida lhe retornou e o seu corpo sentiu-se em chamas – sinal de que a adolescência está presente em cada ciclo da vida.

Passou a observar o pescoço do aluno do marido, as mãos longas e artísticas, que iam e vinham ao piano e as imaginou tirando notas lancinantes de outros pontos, que não os do teclado. Instintivamente, passou as suas mãos pelos cabelos e acariciou de leve o rosto, como que a conferir uma beleza ainda restante nela.

E Bruno, como homem e artista, percebeu nos dias seguintes o encanto da mulher sobre ele: havia mais vida no rosto dela e, certamente, mais perfume na casa.

Ela se entregou exatamente na décima quarta visita, quando Bruno propositalmente "se esqueceu" de que o marido de Mimi estaria viajando a trabalho.

Os corpos correram pelo piano até chegar ao chão e as mãos se entrelaçaram de imediato, como se já tivessem esboçado aquele gesto dezenas de vezes. Foi uma aventura que teve a duração de seis breves encontros, mas jamais foi esquecida.

Quando, após algumas semanas, Mimi se descobriu grávida, em nenhum momento quis questionar a paternalidade daquela criança. Era evidente que seria filha do George; afinal, estavam tentando havia dois anos e era natural que, mais cedo ou mais tarde, engravidasse. Nunca, em nenhum momento esboçou o menor vestígio de remorso ou suspeita, nem à mais íntima de suas amigas; nem a si mesma. Mesmo quando Gertrudes começou a demonstrar queda pelo piano, dizia a George: " Querido, nossa filha puxou para você: tem o seu talento para a música!" Jamais quis abrir a menor brecha em sua mente para a mais leve sombra que toldasse aquela felicidade familiar. Mesmo quando constatou as mesmas pequenas mãos alongadas de Gertrudes, que percorriam o piano, exultante pela melodia que extraía com desenvoltura e lhe sorria, num sorriso tão familiar e nunca esquecido.

Observando a filha que continuava a amamentar o bebê-fantasma, Mimi refletiu que três visões em sua vida seriam inesquecíveis: o dia em que Bruno fora embora deixando o piano novamente monótono e decorativo; o dia em que Gertrudes nascera; e aquele dia que estava correndo, quando a dor da filha se fazia presente em cada móvel da casa.

O ar lhe faltou. Abriu dois botões da camisa de seda branca e arremessou o colar longo ao chão, ao se aproximar da filha e ouvir de sua boca um:

– Psiuu... Não faça barulho, ele está dormindo.

Ela obedeceu. Sem fazer barulho algum, permaneceu ao lado de Gertrudes, que fazia o bebe invisível cochilar, passando as mãos em seus cabelos. Precisava de uma solução! Seria a loucura da filha algo bom, uma reação do corpo e da mente para protegê-la do choque? Mas reação saudável seria confrontar o luto, considerou. Temeu pelo futuro da jovem, que mantinha os olhos esbugalhados no infinito.

A verdade é sempre bem-vinda. Lembrou-se do momento em que Gertrudes, grávida e fraca, contava que fora abandonada pelo namorado... Decerto ela havia sofrido, mas era um sofrimento real, encarado de frente, enfrentado em sua inexorabilidade.

Como seria carregar um ente querido morto no colo? Olhando para a filha, suplicou por uma realidade no meio da desordem e do caos. E se o pequeno John estivesse morto, mas presente nos braços da mãe? Estaria ela, Mimi, de alguma forma, entrando na loucura de Gertrudes, sugestionada por emoções e visões, esperançosa por alguma solução?

"Eu vou esperar", pensou, enquanto a filha caía no sono, abraçada a um pequeno corpo inexistente.

***

Gertrudes acordou do estado de sítio e apatia, num dia quente, porém chuvoso. Da janela observou as folhas balançando na enorme árvore da praça e a vida prosseguindo com seu ritmo normal. Visualizou um casal de namorados que brigava; o vendedor de maçãs grandes e vermelhas, que sorria para as senhoras e tudo aquilo lhe pareceu, embora real, distante.

Mimi ainda dormia quando Gertrudes, após enfeitar os cabelos com um laço rosa e calçar os sapatos pretos de saltinho, sem se preocupar com o fato de estar ainda de pijamas, saiu andando até a praça. O sol bateu em seu rosto branco e sem vida. Parou ao observar duas senhoras que a olhavam e comentavam alguma coisa.

Aproximaram-se com cuidado. Uma das senhoras começou o discurso:

– Minha filha, que bom que está melhor, mas não quer comprar um vestido novo?

– Desculpe-me, quem é a senhora? – perguntou, sorrindo, Gertrudes.

– Sou uma conhecida sua aqui da praça, estive presente no seu decreto.

– Ah, certo – uma expressão de dúvida se instalou em seu rosto.

– Vamos, querida, deixe-me levá-la em casa, ou deixe-me ter o prazer de lhe comprar um vestido.

– Mas por que um vestido? – indagou uma Gertrudes atônita.

– Ah, querida, está de pijama e salto alto.

A moça soltou uma risada estridente, como quem ri para dentro.

– Obrigada, não tinha percebido. Mas hoje é um dia muito importante e não tenho tempo para compras – esquivou-se.

Despediu-se e prosseguiu seu trajeto. Andou uns dez minutos, ao fim dos quais estava cansada e sem ar. E o hospital, que parecia nunca chegar? Mas chegou. Entrou e correu ao banheiro, tirou da bolsa um batom vermelho e passou na boca, sem notar que se borrava. Tal qual um palhaço pintado e de pijamas, correu pelos corredores, até chegar à ala da maternidade.

Olhou os bebês e encarou-os com tempestade de alma, convicção, medo e euforia.

"Onde estará John?"

Procurou-o novamente, mas não o encontrou. Chamou a enfermeira loira e esguia que se encontrava próxima e suplicou:

– Por favor, levaram, por acaso, meu filho para algum lugar? Eu não o encontro!

A enfermeira Leila reconheceu Gertrudes. Lembrou-se de seu longo parto e do curioso fato de um bebê aparentemente saudável ter tido uma morte súbita. Sentiu pena daquela mulher que vestia pijamas e saltos.

– Calma, senhora. Espere sentada, que vou buscar o pequeno John.

Gertrudes suspirou aliviada. Na certa, alguém o levara para um banho ou algum exame de rotina; em breve, ele estaria ali, em seus braços de mãe.

Sentou-se e esperou.

Leila avisou os médicos, que acionaram a Psiquiatria e o hospital entrou em estado de agitação quando a mulher pequena e lambuzada de batom foi levada em camisa de força. Com uma força de leoa, berrava e se debatia.

— Só quero que me devolvam meu filho! Por que estão fazendo isso comigo? Só quero meu John! — gritou alto, com os olhos se arregalando, a boca trêmula, as mãos tentando alcançar algum local seguro, enquanto o corpo enrijecia e a mente apagava.

***

Mimi chegou correndo, após o telefonema do hospital. Ao chegar à ala psiquiátrica, soube que a filha seria removida para o manicômio *Delux*, um local considerado impróprio e assustador, que abrigava todos os tipos de delinquentes e doentes mentais.

Pediu para falar com o diretor da psiquiatria e suplicou, explicou o trauma da filha, pediu-lhe clemência:

— Um pouco mais de tempo, doutor, só um pouco mais de tempo. Minha filha vai se recuperar; ela está em choque, apenas.

— Sinto muito, mas é o procedimento mais correto, uma vez que sua filha representa perigo para si mesma e para outras pessoas — respondeu o diretor, como se estivesse anunciando um noticiário do cotidiano.

— Perigo é levar um inocente sofredor para uma prisão escura, onde nada se pode fazer — indignou-se Mimi.

Mas não houve argumento que convencesse o diretor; o encaminhamento foi autorizado e Mimi observou uma apática e assustada Gertrudes sendo levada à ambulância. Aproximou-se e disse mais para si mesma do que para a filha:

"Tudo vai dar certo, você vai ver..."

Gertrudes, sem dar conta do que a mãe lhe dizia, ainda lhe pediu o impossível:

"Encontre o meu pequeno John, por favor..."

As visitas à filha só mostravam o descaso do hospital: a moça estava sempre dopada e não apresentava sinal algum de melhora. Mimi pensou em alguma solução, mas não conseguia chegar a nenhum acordo com seus pensamentos. Não haveria solução enquanto Gertrudes não enxergasse o luto e a realidade.

A mente de Mimi estava confusa; já não havia valores éticos ou morais que a impedissem de pensar em atos extremos. Às vezes, lembrava-se de Bruno ao piano e tocava algumas notas, desejando que ele pudesse lhe dar conforto. "Mas que idiotice", pensou. Uma amante jovem de tempos longínquos havia se fixado em sua mente, como se continuasse igual: com o mesmo sorriso, a mesma pele, o mesmo amor. "O tempo nos faz relembrar molduras do passado, sem que questionemos as modificações que essas telas passam. Ele, com certeza, deve estar casado, com filhos, talvez um pouco acima do peso; talvez seja um grande músico ou, quem sabe, um engenheiro que desistiu de seus sonhos de juventude".

Mas por que pensava tanto em Bruno toda vez que a dor pela angústia da filha lhe espancava o rosto? Por quê? Pela primeira vez, deixou o verme da dúvida, aprisionado por anos a fio, devorá-la. Seria, afinal, um castigo tardio pelo seu pecado?

Uma noite, deitou-se em frente à lareira e tomando uma xícara de chá, pensou. O que fazia, ultimamente, era pensar e, se não perdesse a calma, deveria encontrar uma solução.

Chovia lá fora.

Chovia dentro dela também.

Um lampejo anunciou a tempestade e um pensamento anunciou o caos.

Levantou-se num ímpeto e pegou o telefone, as mãos trêmulas e cansadas, a falta de lógica na mente, mas a certeza de um possível alívio para a filha começava a se elucidar, sem pensar no desastre que essa decisão poderia causar no futuro.

O táxi chegou tão rápido, que nem deu chance à Mimi de desistir de tais pensamentos macabros, O que a movia era o desejo imediato de mãe, diante do sofrimento da filha: a sua interrupção imediata. Não conseguia pensar em qualquer processo que fosse lento; algo deveria ser feito JÁ. Se o desastre desses atos fossem lhe trazer arrependimentos tardios, a urgência a impedia de colocar as ações na balança.

Pediu ao motorista que parasse numa rua escura, no centro da cidade. Esse mostrou sua inquietação:

– Aqui é um lugar um tanto perigoso, sabia, para uma mulher fina feito a senhora?

– Espere-me aqui – disse ela, sem dar sinal de ter ouvido a sua admoestação.

Acompanhada pelo olhar do taxista, que a fixava com curiosidade, andou entre os desamparados de Paris. Sim, eles existiam – a rua era uma réplica diminuta de *Os Miseráveis* de Victor Hugo, em que a pobreza se manifestava em todo canto, com corpos jogados ao chão, pessoas acumuladas para acobertar o frio, como sacos descartados.

Andou com o olhar atento e o coração triste, observando as mulheres que carregavam pequenos bebês. Fitou-as, escolheu, raciocinou, foi indiscutivelmente fria e calculista na sua avaliação, antes de se aproximar da moça ideal. Rita segurava o pequeno menino e tentava aquecê-lo com seu corpo de mãe, mas a criança chorava sem parar e olhava assustada para Mimi, que sorria com o canto da boca.

    Ao olhar para trás, verificou que o motorista ainda a esperava. Pensou em desistir, voltar para casa e enfrentar a vida e a dor, mas a necessidade de estancar as feridas de Gertrudes eram mais fortes do que a ética e a moral que ela sempre julgara possuir. Tudo passava a ser considerada uma forma de salvação, uma urgência que cresce no corpo e acaba tornando suas vítimas, escravas de atitudes mal pensadas.

    – Prazer, me chamo Mimi – estendeu o braço para Rita, que disse seu nome baixinho e apertou a sua mão, envergonhada e confusa.

    – Que bebê lindo! Como se chama? – Mimi puxou assunto.

    – Apenas "bebê" – respondeu Rita, pois mesmo com alguns meses de vida, ainda não conseguira escolher um nome adequado ao filho ou tivera preguiça de fazê-lo.

    – Ouça, Rita, vou ser direta com você: quero comprar o seu filho, pago-lhe um apartamento no centro, modesto, mas bom; pago-lhe uma quantia suficiente para se alimentar e sobreviver por muito tempo; enfim, ofereço-lhe a vida que nunca teve.

    – Como sabe que nunca a tive? – suspirou uma Rita saudosa.

    – E teve? – retrucou Mimi, sempre de olho no motorista de táxi.

    – Na verdade, nunca, senhora! Nunca tive luxo, nunca tive casacos de pele, banheira e água quente, mas já convivi com um homem que tinha e, por algum tempo, acreditei que tivesse.

    – Ele é o pai do bebê?

    Rita coçou-se de forma estranha, retirou um pano sujo de uma pequena mochila e cobriu o filho, apertando-o com força. Depois, despejou palavras que saíram em desespero e confissão; palavras que diziam sobre uma humanidade desigual, pessoas poderosas que se achavam no direito de comprar miseráveis; desabafou sobre a vida que não traz, apenas leva; e respondeu, finalmente:

– Olha, Dona, eu não estou à venda.

Mimi ouviu a buzina do motorista do táxi, fez um gesto para que esse esperasse mais cinco minutos, olhou para Rita e disse, em tom de desafio:

– Todo mundo tem um preço nesta vida. Os ricos também sofrem e a vida nos tira muito. A verdadeira miséria humana encontra-se na alma e não no bolso.

Rita olhou para a senhora elegante à sua frente e percebeu que deveria se decidir.

– Meu pequeno terá uma vida boa?

– Ele terá a melhor vida do mundo, estudará nas melhores escolas, terá amigos e viajará em suas férias todos os anos – respondeu Mimi, com entusiasmo.

Rita se esfregou mais ainda e perguntou:

– E ele terá amor?

Mimi respondeu que teria o "maior amor do mundo".

– Toma, leva ele logo daqui – esticou os braços sujos, levantando-se com dificuldade e entregou o menino para a senhora ofegante e estranha.

Mimi observou que um choro estava preso na garganta de Rita, querendo sair; sentiu-se comovida, mas, estranhamente, não tão comovida como de fato sentiria se estivesse bem. Pensou no egoísmo do ser humano e no seu próprio – uma pecinha traiçoeira que crescia dentro de si, querendo encontrar algum alívio imediato para uma dor eterna.

Segurou o menino nos braços e olhou para Rita sem encará-la de frente:

– Alugarei um apartamento para você, amanhã mesmo, e lhe darei um cheque gordo, mas não poderá voltar atrás: é pegar ou largar!

Rita sorriu e uma lágrima furtiva lhe escapou dos olhos, entregando o disfarce daquela que fingia ter se esquecido de sofrer.

– Não quero nada disso, madame, leva ele e dá pro meu filho a vida que eu não posso dar – começou a andar, o olhar fixo na rua, os pés descalços, o choro escapando cada vez mais.

Mimi continuava estática: observou a moça de costas, o cabelo enorme e sujo, o andar calejado. Ouviu nova buzinada do taxista, viu alguns miseráveis tentando se rastejar até ela, ouviu vozes que lhe pediam comida e tentou não se desprender dos passos de Rita. Finalmente, gritou:

– Aonde vai? Espere!

Correu até a moça e virou-a com força, abraçando o bebê, que chorava baixinho.

-Não posso – disse-lhe e estendeu o filho de volta à mãe. – Ele é seu... Não posso!

Rita parecia uma estátua branca e suja. Olhou para Mimi, pegou o filho, caindo ao chão e derramando todas as lágrimas presas em sua vida enclausurada.

Mimi passou as mãos em seus cabelos e repetiu que o menino era lindo, depois voltou-se e correu para o táxi. Sem olhar nos olhos do taxista, pediu:

– Vamos, dê partida. Vamos sair logo deste antro!

Ouviu o ronco do motor e algo bater na janela. Rita, parada, pedia ao motorista que esperasse. Esse abriu o vidro e Mimi ouviu a moça dizer:

– Meu filho não vai sobreviver mesmo, se continuar comigo. Uma mãe não deve ter orgulho ou egoísmo – e, mais uma vez, entregou-lhe a criança. – Por favor, dá pra ele muito leite e boas roupas e cama quentinha... Obrigada!

Mimi deixou que o último fio de consciência se rompesse dentro dela. Segurou o menino nos braços e viu, com um misto de alívio e culpa, a moça correr, sumindo ao longe.

CAPÍTULO 2

O Caos da Culpa

Mimi chegou em casa e bateu a porta com força. Jogou o chapéu ao chão, retirou o casaco pesado e levou o pequeno para tomar um banho. Em seguida, alimentou-o e o colocou na cama, observando a criança limpa e sonhadora. Com o que estaria sonhando: talvez com a mãe? Esse pensamento a fez estremecer: um monstro invisível se apossava dela; a culpa começava a armar seu exército implacável e tramava derrubar aquela pobre alma cansada.

Correu para o piano e lembrou-se novamente de Bruno, o romance proibido do passado, que fazia questão de lhe voltar à mente atordoada.

Acordou com o barulho do bebê e da porta, que batia com força. Certamente era a empregada, esquecera-se dela: um segredo precisa ser bem guardado e qualquer testemunha poderia colocar tudo a perder. Tentou ter calma, pensou, mas não havia espaço na mente confusa. Desceu correndo as escadas e viu Greta, a empregada gorducha e simpática.

– Bom dia, senhora! – ela cumprimentou Mimi, que a fitava, atônita.

Estava se tornando uma mulher histérica e preocupada. Sentou-se no degrau da escada e, angustiada, deixou-se levar pela derrota – um sintoma da culpa que se ampliava e se alimentava cada vez mais de si mesma. Agora, era uma prisioneira da mentira.

Greta sempre fora imparcial devido à sua posição como empregada, mas jamais em função dos sentimentos que nutria por Mimi – pois amava a patroa de forma subserviente: um amor de amiga que não se revela, mas quer ajudar; uma gratidão oculta; uma sombra forte que quer amparar, mas não pode tocar. Aproximou-se da dona da casa, num gesto benevolente; não havia outro jeito senão a união, pois os objetos e as pessoas daquela casa estavam desarmados.

Passou as mãos nos cabelos de Mimi e, ao ouvir o choro da criança, perguntou:

– A senhora quer que eu troque seu neto e cuide um pouco dele?

Mimi olhou assustada para Greta:

– Meu neto? – murmurou.

– Sim, senhora, se está cansada, deixe que cuido dele hoje, certo?

Arrancando a máscara da face, a patroa jogou-se como uma criança no colo de Greta e a abraçou sentindo o tato, a discrição, a cumplicidade incondicional.

–Sim, vou me deitar e tentar dormir mais um pouco. Pode cuidar de meu neto com carinho.

A mentira estava crescendo e envolvendo mais pessoas, mas a culpa, em alguns dias, seria derrotada por Mimi e seu instinto materno.

Gertrudes recebeu alta e ao chegar em casa, ainda apática, abraçou a mãe, deitou-se no sofá e aceitou um copo de leite.

Seis meses haviam se passado e John já estava se acostumando com o novo lar.

Mimi piscou para Greta, que assentiu com a cabeça, subindo as escadas sem fôlego e dirigindo-se ao quarto de John. Pegou o pequeno, descendo com ele no colo, e tentou disfarçar a emoção, ao entregá-lo para Mimi.

Gertrudes arregalou os olhos:
– Quem é ele, mãe?
– Como assim, filha? Ele é John, seu filho.
A filha andou confusa pela sala, sem conseguir entender a loucura que sentia pisotear a lucidez recém-adquirida.
– Mas, o hospital... Fiquei seis meses no hospital porque achava que meu filho havia morrido e...
Ao ouvir isso, Mimi tremeu. Gertrudes estava, de fato, lúcida; estaria ela, enfim, enfrentando o luto? A velha culpa que havia se desvanecido recomeçava a fazer seu arranha-céu, com o desconforto apertando o seu coração.
Gertrudes tentava entender o inexplicável. Greta permaneceu calada, enquanto Mimi, sentada com a cabeça baixa, estava monossilábica.
– Então... Ele não morreu? – Correu até a criança e beijou seu rosto, rodopiou-o no ar, gritou, cantarolou e agradeceu à mãe por ter encontrado o filho. – Eu sempre soube que ele estava vivo! – E pediu detalhes de como haviam o encontrado.
Foi Greta quem deu os detalhes falsos e dolorosos da mentira. Gertrudes correu com o menino o dia todo. Uma energia dentro dela começava a renascer: havia fé e ilusão e a alegria corava-lhe o rosto. Ficou cheirando o "filho" por horas, brincou com seus cachos e sorriu para ele. Segurou a mãozinha da criança e observou a perfeição das linhas, dos pequenos dedos, das unhas. Colocou-o ao lado do piano e tocou lindamente.
E pela primeira vez em muito tempo, dormiu em paz.
Novamente, Mimi venceu a batalha da culpa. A alegria da filha fora essencial para que a culpa fosse derrotada e o egoísmo se fizesse presente, fiel e poderoso.
Porém, no dia seguinte, encontrou a seguinte carta da filha:

"Querida mãe, vou atrás do meu filho verdadeiro. Isso não significa que não entenda o que tentou fazer: agora sei e conheço bem os anseios de uma mãe; assim, nunca irei culpá-la. Até agradeço, mas creio que se esqueceu de algo primordial: uma mãe sempre irá reconhecer o cheiro de seu filho, mesmo que nunca tenha de fato sentido! Fique em paz; o egoísmo de uma filha é sempre maior do que o de uma mãe; por isso, consigo partir. Amo-te.

Gertrudes".

Mimi estremeceu, preenchida por uma onda de horror e pela sensação da despedida sem volta. A intuição do caos que se aproximava, mais uma vez, e a culpa pelo desastroso e inútil comportamento a deixaram de cama por uma semana.

Porém, Mimi era uma mulher forte e o Tempo passou rapidamente. Anos e anos transcorreram sem nenhuma notícia da filha – além de uma dor que cicatrizara, mas não fechara por completo – fazendo daquela mulher refém de carinho e novos desejos. E seguindo essa necessidade, após meses de tormenta foi em busca de Rita, chamando-a para morar com eles. A mãe, agradecida e feliz, reencontrou seu filho e uma nova família se formou.

O vazio deixado pela filha desaparecida foi preenchido em parte, quando Mimi encontrou em Rita alguém para cuidar, uma nova filha. Sua dor não foi sanada, mas de alguma forma, houve uma recompensa e a conformação a uma vida sem explicações.

Assim, Mimi, Greta, Rita e o pequeno John mudaram-se para outra residência, mais afastada, para evitar comentários. No campo, encontraram o lugar ideal para a cura de histerias e neuroses de uma mãe ressentida e aflita, onde o pôr do sol cheirava a recomeço e a lua brilhava uma nova história,.

Mas quando, ao cair da tarde, Mimi se deitava na rede branca, algo inusitado ocorria. Enquanto o céu adquiria seu negrume característico e inundava-se de estrelas, a lucidez se instaurava parcialmente, abrindo brechas em sua mente, como os pontos luminosos que contemplava. Nesses momentos, caía em si e percebia a solidão em que estava mergulhada, puxando-a como se quisesse mantê-la atolada em pântano. Então, a constatação de que não havia mais Greta, nem Rita, nem John e nem família alguma lhe espremiam o coração, como a um limão murcho. Depois que perdera a filha Gertrudes, não lhe fazia mais sentido manter John. Como, se sua alma estava esvaziada? Devolveu o menino à sua verdadeira mãe, despediu a fiel Greta e foi se refugiar sozinha no campo. De dia, ainda fantasiava uma família completa; mas à noite, tudo o que fazia era buscar em cada estrela um pouco da filha, para cada ponto luminoso rogava um pedido:

"Por favor, filha, volte. Volte para sua velha mãe e preencha o vazio que deixou...".

CAPÍTULO 3

Finalmente, o Luto

A amargura tomara conta dela. Não havia outra opção em seu coração, cuja dor só seria sanada quando seu dilema se desvendasse e sentisse o poder do reencontro com seu filho ausente.

Andou e viajou muito, conheceu o mundo, mas desfrutou de cada lugar com amargura e tédio, busca e esperança. Adentrava maternidades, onde observava os bebês recém-nascidos, em busca do seu. Em sua mente não havia a lucidez necessária para conseguir perceber que o tempo passara e imaginar seu filho já crescido. Assim, o início da busca infindável passava sempre pela imagem de um bebê que precisa de cuidados. Na sua cabeça, o pequeno John nascera e estava à sua espera, em algum lugar do mundo.

Após longos anos de peregrinação e viagens, embora ainda fosse jovem, ela aparentava ter o dobro da idade, com seus cabelos brancos e longos, as rugas enormes e saltadas, os calos na pele, a postura corcunda que a faziam parecer uma senhora velha e triste.

Por uma dessas casualidades do destino, acabou indo parar em Emit, cidade onde o sol é inclemente, mas seus habitantes têm o mar para acalmá-los com uma brisa suave e refrescante.

Logo que chegou, entrou na água, despiu-se e se atirou ao mar, sentindo as ondas que iam e vinham, debatendo em seu corpo frágil.

Havia nela, agora, algo de feroz, nômade, agressivo: dormir numa rua escura ou na praia e passar fome não a assustavam; ir para cama com um homem por dinheiro também virara rotina; o seu instinto de sobrevivência lhe dizia para se manter forte para seu objetivo principal.

A areia de Emit queimava sua sola calejada, o sol fazia de suas rugas enormes bifurcações, e a sensação de apatia a dominava com facilidade. Mas, logo a aflição e a dor a levavam para um estado de alerta, onde ela podia sentir, ouvir tudo à sua volta, como um cão farejador; uma leoa em posição de ataque; uma cobra pronta a dar o bote a qualquer minuto – enfim, como uma mãe...

Sentia-se cansada, talvez não tivesse a real sensação de no que se transformara; infindáveis anos pareciam ser poucos, enquanto a esperança e a loucura a atormentavam.

Caminhou muitos dias pelas pequenas ruas da cidade desconhecida, até, finalmente, encontrar o que buscava: o hospital. Após tanta andança e maternidades visitadas, a de Emit parecia-lhe mais reconfortante por algum motivo inexplicável. Ela sentia, enfim, o frescor do alívio que pode surgir e resgatar a alma.

Ignorou, mais uma vez, os olhares de censura e consternação cravados em sua direção, quando seus pés descalços e sujos pisaram na sala principal do hospital. Correu até a maternidade e olhou para os bebês recém-nascidos, observando os detalhes dos pequenos e tentando identificar o seu John.

Vera, uma enfermeira loira e alta, responsável pela ala da maternidade, tocou com delicadeza seu braço e perguntou:

– Como se chama? Está tudo bem com a senhora? Posso ajudá-la em algo?

– Eu me chamo Gertrudes e estou atrás de meu filho. Mas, agora, sinto que o encontrarei aqui.

– Olhe, venha comigo até esse quarto. Precisa de um banho. Senão, como vai se encontrar com seu filho, suja do jeito que está? – A enfermeira, consternada com o que ouvia, fingiu estar preparando a mulher para o grande encontro.

Fez com ela se deitasse e dormisse. Horrorizada, Vera olhou para o seu corpo frágil e cansado e se perguntou intimamente o porquê desse sofrimento todo.

Em seus anos de profissão, vira centenas de mães que haviam perdido seus filhos, mas nunca algo assim tão dramático e assustador. Vigiou a porta, para que não a surpreendessem com a estranha mulher. De manhã cedinho acordou-a, pegando-a pelo braço:

– Vamos, me acompanhe. Voltaremos mais tarde.

– Aonde me leva? – perguntou.

– Apenas acho que a senhora precisa comer algo, estar pronta para ver o seu filho, certo?

Ela se deixou render pela bondade da jovem enfermeira , andando ao seu lado, até chegarem a uma pequenina casa de frente ao mar de Emit.

– Sabe, nunca tive filhos e muito menos pais, sempre fui sozinha, órfã – confidenciou Vera à senhora. – Passei de casa em casa, sem nunca ter endereço fixo. Tive diferentes "pais", que não se acostumavam comigo, até que decidi que não precisava mais deles.

A mulher, reencontrando um lampejo de lucidez, abraçou a moça: afinal, essa precisava de uma mãe...

Ficou na casa de Vera por muito tempo e sempre que a enfermeira a surpreendia vagueando pelos corredores do hospital, pedia aos médicos que a deixassem em paz. Mas todos começavam a comentar e a história da louca velha que buscava seu filho há anos cobria a cidade com fofocas e comentários.

Certa noite, Vera voltou do hospital e não a encontrou. Ao olhar pela grande janela, observou o mar agitado e a pobre senhora que se banhava, correndo de um lado a outro, enquanto berrava e uivava de forma assustadora. Foi atrás dela, mergulhando também nas águas do mar e a chamou. Essa veio ao seu encontro, abraçou-a e, juntas, pularam sobre as ondas sem pensar muito na lucidez dos gestos – uma órfã de mãe e a outra, órfã de filho. Quem, de longe, presenciasse aquela cena, veria simplesmente duas mulheres enfrentando a natureza caprichosa e dando risada nas ondas de Emit.

***

Ela sentia-se incomodada. Vera fazia renascer nela laços e vínculos já deixados para trás e, pela primeira vez, teve um espasmo de consideração para com Mimi e a vida que abandonara. Como estaria a mãe? Teria ela sido covarde em abandoná-la? Eram esses lampejos de lucidez que a faziam perceber que o tempo havia passado, assim como o se sentir confusa em não conseguir atualizar a imagem do pequeno John, que não seria mais pequeno assim – mas esses momentos eram raros. Sua mente, esperta e traiçoeira, não querendo revelar uma realidade muito doída, fazia-a cair novamente na insanidade, levando-a a um lugar atemporal e sem geografia, onde havia apenas a certeza da busca por um filho vivo.

Não conseguia perceber que Vera sinalizava, com sua generosidade e o tratamento que lhe dispensava, estar, inconscientemente, se oferecendo para ser sua filha amada e querida. Somente uma filha poderia fazer o que ela fazia pela velha senhora, movida por sentimentos que cresciam, pela necessidade de preencher um vazio interior.

Por isso, Vera chorou quando chegou em casa e não mais a viu. Não havia sinal dela em lugar algum, tampouco nas ondas do mar. Ela havia sido apenas uma visitante fortuita...

***

Na sala de espera, ela observava os olhares estranhos cravados em suas costas. Ficou preocupada ao constatar que fazia tempo que não encontrava mais Vera em seu turno de trabalho. Mas logo sua mente a fez "voltar à realidade" e pensou friamente: "Bem, ela deve ter sido despedida, só isso."

Um homem estranho à sua frente era o único que, ao invés de fitá-la, olhava para o relógio como se fosse um robô. Ele tentou desviar o seu olhar, ao se sentir observado, mas ela permaneceu com o olhar fixo em sua figura magra e alta, como que deslumbrada. Aproximou-se dele e perguntou:

– Está esperando sua esposa?

– Sim – respondeu, conciso.

Pegou a mão do estranho e puxou-o em direção à maternidade, Sem refletir, contou-lhe sobre John e esperou por uma resposta que não veio. Havia algo em Marcel que a fazia estremecer: era o cheiro, um cheiro parisiense misturado a saudades e ela precisava descobrir o que isso significava.

Daquele dia em diante, começou a observá-lo na sala de espera. Eram os primeiros olhos que conseguiam fazê-la desligar-se um pouco de John, era a primeira pessoa com quem ela queria um contato mais próximo.

Em outra ocasião, percebeu o olhar de uma mulher muito bem vestida e elegante, que andava na sala de espera de um lado ao outro, impaciente.

– Mamãe! – Correu até ela, abraçando-a, lembrando-se imediatamente de Mimi.

– Socorro! Retirem essa mendiga velha daqui! – Ouviu a senhora gritar, enquanto levava um empurrão seu.

"Mendiga velha"? Ela não conseguiu entender o que a senhora elegante dizia. "Serei mais velha do que ela? E mamãe? Estará morta?"

Sua confusão mental atingiu o ápice. Berrou alto para que alguém lhe explicasse alguma coisa. Correu pelo hospital em desespero:

– Tempo, por favor! Quero voltar no tempo; esse mesmo tempo que não desfrutei ao lado de meu filho John! Cadê você, John? – Sentou-se quando grandes mãos a seguraram e a levaram ao hospício de Emit.

Foram exatos vinte dias no hospital: um tempo curto, mas esclarecedor.

Doutor Caio olhava de maneira fixa para a paciente à sua frente, sem sequer piscar:

– Muito bem, quero que me conte mais uma vez a sua história.

– Não tenho história, doutor, apenas um passado. Você já sabe, busco o pequeno John e...

Ele a interrompeu:

– Qual é a sua idade, lembra-se?

– Devo ter vinte e um anos. Mas isso é estranho, pois tenho viajado por muito tempo, então, não sei...

O médico pegou um pequeno espelho e o colocou na sua frente.

– Por favor, olhe-se bem!

Ela observou no espelho o reflexo de um rosto enrugado, com a pele flácida, o pescoço parecendo se dissolver de encontro ao colo e uns olhos profundos e tristes. Riu baixinho e disse:

– Reencontrei um antigo amante, aqui, em Emit. – Ajeitou os cabelos.

– Como? – Dr. Caio mostrou-se surpreso – Fale-me dele.

Assustada, ela pressentiu que o contato com o médico e a medicação abriam espaço para uma verdade doída demais para suportar.

– Por favor, preciso que me tirem daqui, doutor.

– Você está querendo se lembrar, não é? Isso lhe assusta, mas lhe garanto que, depois, será um enorme alívio.

– Não posso, seria forte demais...

– Já está em você, apenas escondido, pedindo para sair há muito tempo, muito tempo...

-O meu amante... Ele está aqui, nesse hospital...

Dr. Caio pediu para que falasse sobre ele e ouviu histórias de músicas, um piano e um olhar guardado para sempre.

– Então, você acha que Marcel foi seu amante?

– Não sei, mas ele me faz lembrar de... – De repente, o seu cérebro enguiçado lançou a fatalidade da percepção. A negação tentava se esconder em algum lugar, mas imagens, várias imagens foram surgindo, como se a realidade quisesse, finalmente, fazer parte dela.

Ouviu o choro de uma criança, ouviu gemidos e viu o piano antigo, as escadas com vinte degraus, a praça parisiense...

– É estranho, mas acho que esse amante sempre esteve presente em meus pensamentos.

– Amante? – indagou Dr. Caio. – Fale mais, deixe vir, deixe vir... vamos...

Ela levantou-se e sentiu um tapa na cara, um tapa invisível, mas feroz, ávido, determinado, objetivo.

– Doutor, a sensação que tenho é de que estive mergulhada num grande sonho, por todo esse tempo, mas como posso ter sonhado durante trinta anos?

– Trinta anos? Não, você esteve viajando por três anos, querida.
– Apenas três? Mas como? Tenho vinte e quatro ou vinte e cinco anos? É isso?
– Não, você tem exatamente cinquenta e três anos...
– Cinquenta e três? – Pegou o espelho e fixou-se em sua própria imagem. – Puxa, pareço ter oitenta...
– Isso não importa, a dor nos faz envelhecer – E Dr. Caio propositalmente acrescentou: – Não faz, *Mimi*?

Ao ser assim chamada, a mulher atirou-se contra a parede e chorou; não o choro que leva para o "outro lado", mas o choro lúcido, feroz e punitivo...

– Leve-me de volta para onde eu estava, lá era melhor, doutor... Por favor!

– Não posso fazer isso, Mimi, a sua mente está preparada e você precisa, afinal, encarar o luto.

Ela olhou fixamente para doutor Caio e apertou as mãos contra a cabeça, tentando voltar ao estado de sonho, mas não conseguiu.

Observando tudo à sua volta, lembrou-se do bilhete que encontrara logo após ter trazido o pequeno bebê para casa:

"Mamãe, não posso encontrar mais felicidade naquilo que vejo ou toco.

Sei que trouxe essa criança com a melhor das intenções, mas acontece que a lucidez não quer mais se separar de mim. Enfim, enxerguei meu luto e sei que John não irá mais voltar. Despeço-me agora, de forma egoísta e peço-lhe que me perdoe algum dia. Saiba que o sofrimento que me pertence precisa ir embora e por isso digo adeus".

Amo-te para sempre.

Gertrudes"

— A carta que Gertrudes deixou.... Corri até o seu quarto, mas Greta e os médicos tentavam me afastar dali. Gertrudes estava morta: havia remédios e mais remédios espalhados e aquele médico careca confirmava o óbito. Meu Deus, minha filha se matou... Ah, como posso suportar isso? – E o choro mais uma vez surgiu, entre soluços e espasmos. – Fui levada em seguida para um lugar longe, lembro-me que era no campo...

— Estava num hospital em Paris, Mimi.

— Certa noite, recordo-me que estava me balançando na rede e o vento era forte. Conversei com ela, sentindo que o vento a havia trazido até mim...

— E a culpa fez com que você "trocasse de identidade" com sua filha e, assim, partiu para uma viagem quase sem volta...

— Quando vi aquele homem na sala de espera, lembrei-me de Bruno, um grande e breve amor que tive.

— Sim, era sua mente querendo voltar à realidade, era a imagem de algo familiar fazendo-a acordar.

Mimi sentiu o peso da descoberta e da realidade, que deveria ser aceita. Agora não havia mais jeito, não poderia escapar na loucura. Finalmente, enterraria a filha e o verdadeiro luto começaria.

Chorou muito por dias, entendeu a culpa que havia se apossado dela, o desespero pelo suicídio da filha, a dor insuportável, a vida miserável que tivera...

Antes de sair da sala do médico, a sua última frase foi mais um desabafo do que a busca de um consolo:

— Ah, doutor, é injusto demais perder um filho!

Não havia nada que o Dr. Caio pudesse acrescentar.

A sala de recreação estava lotada. Agitados, os internos discutiam; havia uma certa confusão por causa da televisão, sempre a televisão. Pessoas brigavam por canais e filmes; o único consolo ali dentro era aquele objeto mágico, que tornava a todos um pouco menos "insanos".

Mimi viu Marcel e sorriu para ele. O que será que aquele homem tinha, qual seria sua aflição, por que estaria ali? Ela sentia um cansaço físico, mas não a percepção de derrota. Era como se a lucidez restabelecida, assim como o luto, lhe trouxessem um enorme alívio. Apesar de toda a dor, a verdade trazia a compensação das recordações reais, que eram eternas.

Marcel, o homem misterioso que tanto se parecia com Bruno, apareceu à sua frente com um travesseiro e lhe entregou, sorrindo. Mimi captou a sua intenção. Entrou em seu jogo, ao fingir que aquele volume macio, mas disforme, era um bebê, enquanto abria os braços para apertá-lo com força. Agradeceu-lhe e dirigiu-se ao seu quarto.

Deitada e abraçada ao travesseiro, sua mente foi voltando ao tempo: lembrou-se do momento do parto, as dores, e, finalmente, Gertrudes que chorava, sendo recebida pelo e para o universo. Sentiu o primeiro contato com o pequeno corpo, a mãozinha minúscula que apertava a sua, a boca que fazia reflexos de risos, o cheiro inesquecível da pele.

Depois, recordou-se da filha em trajes de banho e de balé; chorando com o rompimento do primeiro namoradinho; sorrindo com a descoberta da música e de um grande amor; o abraço que se deram quando a filha confessou estar grávida; os seus passos na escada; os cabelos presos em tranças; os enormes olhos vívidos e espertos; as músicas que ouvia; os gestos; o corpo quente; o corpo frio; a árvore lá fora...!

Deitada na cama, agarrada ao travesseiro, Mimi conseguia sentir o calor do gesto de Marcel. Talvez, além da descoberta que acabara de fazer, precisasse receber um visitante especial em sua sala particular de visita: sua alma!

Levantou-se para pegar um pequeno espelho dentro do criado-mudo, ao lado da cama – espelho que fora dado pelo doutor Caio, logo após aquela última consulta reveladora, em que se assumira como Mimi e não mais como Gertrudes. Representava, por parte do médico, um voto de confiança a poucos pacientes que não representavam perigo de automutilação. No caso de Mimi, os cacos estavam todos dentro dela e doutor Caio sabia que seria preciso juntá-los, como a um quebra-cabeças, peça por peça, para que o tempo de luto real se fizesse presente e confortável.

No reflexo, confrontou-se com um rosto sofrido, cansado demais, mas havia algo a mais no ato de se olhar e observar. Teve a sensação de que o luto ainda não estava completo, faltavam algumas peças; uma memória ativava a outra, numa corrente elétrica de lucidez, dor e descoberta.

Sim, era fato que sua filha estava morta há muito tempo, era fato também que uma culpa enorme se apossara dela, que precisara assumir a identidade de Gertrudes para se livrar da culpa – culpa essa com cheiro de éter de hospital e imagem de bicho-papão.

Bicho-papão...

E as lembranças vinham... Certa vez, Gertrudes ouvira alguém comentar sobre esse monstro horrível que aterrorizava as criancinhas. Voltara aflita da escola, e perguntou, jogando-se emburrada ao colo de Mimi:

– Por que você nunca me disse que ele existia?

– Ele quem, filha? – Mimi mostrou-se interessada e curiosa.

– O bicho-papão.

Gertrudes chorou ao ver Mimi rindo, dizendo que aquilo era uma invenção de adultos ruins, que gostavam de assustar crianças puras como ela.

– Você tem certeza absoluta de que bicho-papão não existe mesmo, mamãe? – a menina perguntou, quando o choro cessou.

– Sim, filha. Não há a menor chance de existir. Isso é coisa de gente grande, que não consegue que os pequeninos façam o que quer, e inventa esses seres imaginários para obter obediência.

O alívio no rosto da filha foi evidente e imediato, com o retorno da cor rosada e saudável às faces, a inquietação logo sendo substituída por uma brincadeira ao piano.

Agora, tanto tempo depois, Mimi refletia que, afinal, mentira à filha: o bicho- papão existia, chamava-se Culpa e sempre estivera rondando o seu ambiente familiar.

O espelho mostrava o reflexo de peles que se soltavam, insistiam em se desprender. Na verdade, parecia que ela estava num processo de camaleão, trocando de pele, trocando de vida; a cada lembrança uma máscara era arrancada do rosto, surgindo uma nova percepção, um novo tempo, e mais outra lembrança.

Uma nova camada se formou em seu rosto; agarrou-a com as mãos e puxou-a com força, doendo-lhe o ato. Essa camada ainda mais interna a ser desvendada, somada à dor que sentia, indicava ser algo ainda mais obscuro, algo que o tempo deixara para trás, junto a uma memória que insistia em ir e voltar.

A crosta caiu ao chão e Mimi percebeu em si um rosto mais limpo, jovem, digno, ainda sofredor, mas que lhe daria a disposição para se transformar em borboleta e voar... Então, ela voaria por lugares inéditos, onde o luto haveria de ser menos sofrido. A pele que deixara para trás era passado: havia apenas poros mortos, vida flácida, um tempo esgotado.

Sentou-se na cama, relembrando de Gertrudes dançando balé e da primeira vez que usara sapatilhas de pontas; a primeira apresentação no teatro da escola, a empolgação, o cheiro de suor infantil após uma atividade de excitação, o olhar amendoado e brilhante, a expressão de mil possibilidades pela frente. Possibilidades? A mente de Mimi viajou mais um pouco no tempo, pulando etapas. As imagens de Bruno vieram e se fixaram, fazendo com que ela reclamasse baixinho contra a falta de controle sobre suas lembranças: afinal, queria seu último tempo para Gertudes, e mais ninguém.

Mas Bruno ali estava, mais uma vez levantando a sua saia de mulher comportada, enquanto o marido estava ausente, e sentiu o corpo tremer quando o amante sussurrou em seu ouvido: "Nunca se esqueça *disto*..."

E aquele foi o último dia que Mimi o viu, sentiu seu cheiro, sentiu-se mulher até às últimas consequências, sendo presenteada com os prazeres dos toques escondidos, da infâmia escancarada.

Quando Bruno saiu pela porta, algo lhe dizia que nunca mais o veria: as palavras que ele sussurrara já eram uma pista, porém foi o olhar de culpa e adeus que o denunciou.

Passou as mãos no rosto; por que insistia em se lembrar do ex-amante?

A gravidez de Mimi foi sentida de imediato: enjoos matinais e dores no corpo que perduraram por três meses, vitimando-a com sensações opostas – o dever da aceitação da continuação da espécie e o desejo de retroceder no tempo e desfazer aquilo que poderia ser um pecado.

Mas seria mesmo?

O marido, ao piano, vez ou outra, declarava aos gritos:

– Estou muito feliz, querida, muito feliz!

Mimi forçava um sorriso dissimulado, imaginando se aquele ser que crescia dentro de si era fruto de Deus ou do Diabo. Sempre tivera uma tendência neurótica à culpa excessiva: os atos eram sempre pensados em demasia; a possibilidade de qualquer erro tinha como resposta sinais de dramaticidade, desespero, necessidade de autopunição.

Ao olhar para o marido moribundo, aos nove meses de sua gravidez, chorou por mais um ato cruel do destino: ele não teria tempo de ver a filha nascer, não seria beneficiado em seu último desejo.

O cheiro predominante no hospital psiquiátrico era o de éter puro; os cheiros que persistiam na maternidade eram o de leite e medo. Lembrou-se do parto, as dores, os gritos, e, de repente, o pequeno ser em seu colo. Uma nova perspectiva trouxe-lhe conforto: a filha revelaria a ela o maior amor do mundo, a forma incondicional de adorar; Gertrudes era a possibilidade de um recomeço, de culpas que poderiam ficar aprisionadas e esquecidas, de um passado que precisaria prosseguir. Ao apertá-la com força nos braços, todos os temores antigos sumiram; não havia motivos para desordens em sua vida. Sua filha seria o presente que nunca tivera, e, sem questionar o passado, sem sofrer, apenas faria daquele momento, seu ponto de partida.

Amamentar, apesar de dolorido, era um grande prazer; vestir as pequeninas roupas coloridas em Gertrudes era como voltar a ser criança e proteger do frio a boneca especial, aquela que seria sua, por toda a vida.

Ah, como amou ser mãe, como aquele marco lhe trouxe esperanças e a dignidade que tanto faltava dentro dela!

Lembrou-se do rosto de Greta, e de como a empregada ficara complacente e se mostrara útil durante todo o tempo. Talvez ela estivesse, também, preenchendo através de Gertrudes, um enorme vazio. Greta levava a pequena para passear e fazer compras, viajavam as três para a praia e as duas mulheres observavam Gertrudes e a sua admiração pelo mar, a forma como ela pulava ondas e ria, numa espécie de liberdade infantil e pródiga.

A mente de Mimi rodopiou. Mais uma vez ela se viu na escuridão com o bicho-papão e sentiu o cheiro de alegria da filha, quando lhe contou que estava grávida:

– Como assim, *grávida*, querida? Nem sabia que estava saindo com alguém!

– Ah, mamãe, eu comentei, a senhora não se lembra? Saí algumas vezes com um músico que morou muito tempo na Espanha e voltou a Paris na mesma época de meus concertos.

– Mas e vocês vão...?

Gertrudes riu abertamente e prosseguiu:

– Não... Nem tenho a intenção de me casar ou ter qualquer relacionamento sério com ele, até porque, quando soube da gravidez, sumiu.

– Sinto muito, filha querida!

Sem parecer nada aborrecida, Gertrudes abraçou a mãe e contou-lhe sobre a felicidade que sentia, colocando a mão sob a barriga inchada:

– Não sinta, mamãe. Aliás, nem me indignei com a atitude de Bruno; afinal, descobri que o safado é casado e...

Mimi deu um pulo do sofá.

– Você disse... *Bruno*, filha?

– Sim, mamãe, mas não vamos entrar em detalhes, o que importa é que estou grávida e me sinto a mulher mais realizada do mundo. – E ao perceber a expressão taciturna da mãe, perguntou: – Mas que cara é essa, mãe? Achei que ficaria feliz por mim.

– Filha, esse homem tem que idade?

– Mamãe, já falei para não se preocupar com ele; meu coração está em paz, o safado provou que não é mesmo merecedor de tudo o que eu tinha para lhe oferecer...

— Você o ama?
— Eu o amei, mamãe. Hoje, amo o meu filho: Bruno é passado. E, sim, é mais velho, mas realmente não quero falar sobre ele.

Gertrudes caminhou até o piano e soltando sua risada mais alta e espontânea, tocou Bach, de maneira extraordinária.

— Filha — prosseguiu Mimi, interrompendo-a com a mão sobre as teclas do piano. — Você teria uma foto dele para eu ver?

Gertrudes ignorou o apelo da mãe, apenas sorriu e continuou a tocar.

O assunto ali morreu. Mimi precisou aceitar o fato de um amante músico que engravidara a sua filha e se evaporara, chamado Bruno. Arrepiou-se durante toda noite; teve fortes dores de cabeça; acordou de pesadelos, tendo sonhado com o seu Bruno, e sentiu medo, misturado com desespero e pânico!

Tentando se acalmar, parou na frente do piano e lembrou-se das mãos grandes de Bruno e do seu olhar de esguelha, o sorriso indiscutivelmente encantador, seu cheiro, sua pele. Teve um sobressalto. Mas não, decerto ela estava ficando neurótica e paranoica; a vida não o traria de volta dessa forma; os seus pecados de infidelidade já haviam sido superados e pagos com muito peso na consciência. Não, não, não... Era apenas uma triste coincidência...

Mas o receio de que fosse mais do que uma mera sincronia pairou sobre Mimi, durante toda a gestação de Gertrudes. Leu tudo o que encontrava sobre doenças genéticas; passava tardes em bibliotecas vendo imagens de crianças deformadas, lendo sobre o processo da deformação — fruto de relações incestuosas.

Em seus sonhos, crianças de duas cabeças, deformadas, sem as pernas, verdadeiros monstros surgiam e a faziam acordar gritando.

A sensação contraditória de amar a filha e o medo do monstro que essa poderia gerar criou um estado de alerta em Mimi, uma paranoia constante, um sufoco preso.

Gertrudes lhe contava as novidades do pré-natal: tudo ia indo muito bem, ela nunca estivera tão linda e feliz! E Mimi abraçava a filha e chorava, pensando que a sua felicidade poderia trazer à família novamente a chama do pecado e da culpa.

Outras vezes, Mimi relaxava, respirava fundo e sorria, imaginando que tudo não passava de fruto de sua imaginação neurótica e histérica por natureza: *Imagina, quantos músicos chamados Bruno não existem no mundo! Devo deixar de dar importância a essa coincidência; pensar muito vai acabar me enlouquecendo.*

As sensações eram opostas, antagônicas: ora se via feliz, dando as mãos para a filha ao fazerem compras juntas, escolhendo cores e roupinhas, imaginando com ela como seria o bebê; ora se via aterrorizada, visualizando o pequeno monstro cheio de deformidades.

Certo dia, chegando em casa, ouviu Gertrudes rindo alto, com a TV ligada. Ao olhar para a tela, viu a imagem de um saci, personagem do folclore brasileiro: enquanto a filha assistia a um documentário infantil e candidamente se divertia, Mimi enxergou a morte à sua frente.

– Desligue isso, Gertrudes – gritou. – Você não tem mais idade para acreditar em "sacis". Que coisa mais infantil!

Gertrudes levantou-se com todo o peso de seus sete meses de gravidez e, como se fosse ainda a antiga criança, chorou e correu até o quarto, batendo a porta.

Mimi correu atrás, abraçando-a e pedindo-lhe desculpas, dizendo que o dia havia sido muito estressante e fazendo a filha se acomodar em seu colo para adormecer.

Naquela noite, o saci ficou gigantesco nos sonhos de Mimi, que o viu pulando por todo o quarto e ir até o piano, subir em cima e deslizar com a única perna no instrumento, com movimentos desafiadores.

Acordou banhada em suor.

Até onde pode chegar uma paranoia?, refletiu. Tentava resgatar a lucidez e a razão e, mais uma vez, pensou em porcentagens, em probabilidades, até declarar em voz alta e aliviada:

" É imposssível, graças a Deus... Totalmente impossível!"

E nessa tortura passava os dias observando a barriga pontiaguda da filha, alisando, feliz, a mão no ventre e, involuntariamente, tentando tatear e encontrar alguma deformidade.

Certa madrugada, ao acordar com a imagem de um bebê desfigurado, correu ao quarto de Gertrudes e, sem acender a luz, gritou:

– Filha, acorde, preciso saber quem é esse homem que te engravidou, qual a idade exata dele, como ele é, quero o telefone do safado...

Gertrudes berrou de volta:

– Mamãe, me ajuda, minha bolsa estourou...

Greta e Mimi seguraram Gertrudes, que berrava de dor e a levaram ao hospital.

Enquanto Greta esperava fora, Mimi entrou para assistir ao parto, mas foi mandada para fora da sala cirúrgica, quando a filha começou a suar frio e a gritar – e ela se mostrou mais agoniada do que o normal, gritando com os médicos para que fizessem alguma coisa.

Foi conduzida a um quarto, onde lhe deram um calmante e quando acordou, Greta estava ao seu lado.

– Cadê Gertrudes? E o bebê?

– Deu tudo certo, dona Mimi. Gertrudes está ótima e seu neto é simplesmente perfeito.

Greta observou Mimi gargalhar, aliviada, enquanto perguntava repetidas vezes:

– É perfeito mesmo, Greta? Totalmente perfeito?

– Sim, senhora. O bebê mais lindo que já vi.

Gertrudes tivera um parto difícil, por isso não tivera tempo para abraçar o filho. Estava tão cansada que, mal vira a criança nos braços do médico, sorriu e fechou os olhos, dormindo por horas.

Mimi estava sentada ao lado da filha, que continuava repousando. Certificou-se de que isso era normal; disseram-lhe que sim, ela precisava descansar, apenas isso. Pediu para ver o bebê e a levaram para o pequeno berçário da maternidade, onde vários recém-nascidos dormiam em paz.

Ao ver John, sorriu, suspirou de alívio, fixou o olhar em cada dedinho, cada parte de seu corpo, tudo estava ali, tudo era perfeito, ele *era* perfeito.

Mais tarde, esse foi trazido ao quarto e deixado por quinze minutos na companhia de Mimi. Gertrudes permanecia adormecida.

Greta fora buscar café e Mimi sentiu o bebê em seu colo. O cheiro da criança era inefável; passou as mãos em seus dedinhos da mão, apertou-os de leve e sussurrou:

– Ei, pequeno, a vovó te ama...

Beijou-lhe o corpinho com ternura e sentindo cansaço, piscou, e ao abrir novamente os olhos, fitou a criança que, agora, estava se deformando à sua frente. Havia apenas uma perna, como o saci; o rosto era enorme e inchado, os dedos contorcidos.

Estremeceu...

O pequeno monstro parecia se dissolver em seu colo: a respiração era fraca, porém ruidosa, a boca semiaberta continha uma textura estranha e uma coloração branca, seu corpo pulava e a única perninha batia no colo de Mimi.

Olhou para a filha e pensou que ela não aguentaria essa dor. Lembrou-se do piano e de Bruno, suas mãos que empurravam seu corpo contra a parede; visualizou ele e Gertrudes em cima de uma enorme cama de casal.

Nesse momento, o saci estava crescendo, sorria com o canto da boca e se alargava inteiro, a pele se arroxeava, a deformidade se manifestava em segundos.

Ele tentou sair de seu colo; na certa iria para perto da filha. Mimi segurou o pescoço do gigante deformado e o pressionou: o mal precisaria ser extinto, a qualquer preço!

Quando acordou, Gertrudes berrava histérica, chamando pelo filho, sendo contida por Greta e diversas enfermeiras, que tentavam acalmá-la.

O rosto do médico que fitava Mimi, ao lhe dar a notícia, era oval e branco – *por que se lembrava de detalhes, tão irrisórios?*

– Lamento lhe dizer, senhora, não conseguimos compreender: a criança morreu em seu colo, uma morte súbita e sem explicação.

– Mas, doutor – suplicou Mimi, questionando:

– Ele era saudável?

– Sim, senhora, era perfeito. Sinto muito.

E o médico se distanciou, assim como a memória de Mimi.

Mais uma pele caiu ao chão. Era realmente a crosta mais nojenta e recôndita de todas.

Mimi caminhou novamente até o espelho e sussurou:

– Eu matei meu neto...!!

Neste instante, uma montanha-russa de revelações caiu em formato de peles, de rostos escondidos, de culpas deixadas para trás.

Não havia mais saída, senão a total admissão da lucidez. Era preciso deixar de ser lagarta para se transformar em borboleta; precisava reaprender a voar.

Porém, havia pouco tempo. Mas tudo bem, enquanto ainda houvesse algum...

Deixou as máscaras caírem ao chão e voltou para a cama. Abraçada ao travesseiro, Mimi/Gertrudes encerrou seu tempo de vida com um sorriso nos lábios.

PARTE 3

Diva

Tempo da velhice

Tempo...

Coisa que acaba de deixar a querida leitora um pouco mais velha ao chegar ao fim desta linha.

(Mário Quintana)

CAPITULO 1

O *Espelho*

Neste momento, em que me olho no espelho e esse me devolve esta droga de imagem, só faço ter mais raiva de tudo o que sou e no que me transformei.

Cansei das rugas e das falsas esperanças em clínicas de cirurgias: quantas já fiz? Ah, foram tantas... E no entanto, nada mudou, o tempo avança, implacável, zombando de mim e persiste em me mostrar o quanto estou ficando velha e feia.

Hoje, completo cinquenta e oito anos de idade e apesar de algumas pessoas insistirem em me dizer que sou mais linda do que uma mulher de vinte ou trinta, sinto que essas observações ridículas, longe de elevarem minha autoestima, apenas me humilham. Afinal, a quem estão tentando enganar: a mim ou a eles mesmos?

Lembro-me dos meus vinte e cinco anos, no auge de minha carreira profissional como atriz, aparecendo nas telas gigantescas dos cinemas do mundo inteiro, sendo aceita em Hollywood como a musa e a deusa mais perfeita e bem paga de todos os tempos! Mas esse tempo passou, as telas são outras e as atrizes também. Adquiri maturidade como profissional, mas fui excluída no momento em que mais sabia o que fazer, como fazer, trocada simplesmente por rostos e corpos jovens.

De vez em quando, ainda sou sondada por um diretor desconhecido, que me apresenta um roteiro infame, onde sou sempre a mãe da moça linda, a avó da menina prodígio, ou a coadjuvante de uma história nada bela.

Ah, estou cansada, cansada desse mundo de fofocas e dissimulação e de tentar me manter à tona nesse lamaçal de falsidade e aparências. Queria poder fechar os olhos e ser teletransportada para outra cidade, onde ninguém me reconhecesse, onde os fotógrafos parassem de tirar fotos minhas para estampar o quanto envelheci.

Estou brava com o tempo, muito brava! Estou irada com a impossibilidade de retornar, de me fazer nova e desejada mais uma vez – que merda de vida a minha, neste corpo velho, com esta alma velha e cansada.

Sempre fui escrava do meu corpo, de minha beleza, mas nunca pensei em ser escrava de um tempo que insiste em prosseguir.

Hoje, receberei mais um admirador estúpido, um novato que, certamente, tentará me convencer de que o filme dele é uma obra de arte e eu, a chave principal para que isso aconteça. Não sei por que ainda os recebo: talvez por falta do que fazer, por puro tédio, ou talvez pela esperança de me ver nova em algum personagem.

Patrick está com cinquenta e seis anos e continua lindo – a vantagem dos homens mostra que o tempo, sem dúvida, é masculino ou extremamente machista! Ele é um marido perfeito, não posso reclamar, mas que falta não me faz o seu olhar sobre o meu corpo como antigamente: o desejo que sentia, a ausência de ar, a súplica...

Sei que ele deve ter amantes, jovens e belas; afinal, um diretor de cinema está sempre em contato com essas beldades fúteis, que fazem de tudo para aparecer por trinta segundos na tela.

Não me incomodo que me traia, porque parei de me incomodar com qualquer coisa na vida, a não ser com esse espelho, que se tornou uma obsessão patética. Estou condenada a contar cada nova ruga no rosto enquanto eu viver.

***

Quando Robert tocou a campainha, deixei-o esperar propositalmente. Esse é um artifício que me dou o direito de usar; por mais velha que eu seja, ainda sou famosa e isso me torna especial sob alguns aspectos.

Ouvi a empregada fazendo-o entrar, servindo-lhe bebida e coloquei meu casaco azul por cima do vestido branco florido. Depois, penteei meus cabelos em câmera lenta, sentindo uma esfuziante alegria pela espera e ansiedade de alguém que quer me ver e, provavelmente, tentar arrecadar alguns troquinhos a mais com uma ex-celebridade.

Como estaria o coração dele? Acelerado? De que maneira tentaria me persuadir a ser a mãe bela da jovem mais bela ainda? Ah, que isso fosse uma diversão, então...!

Meia hora depois, desci e me desculpei pelo atraso, sem olhar de fato para ele. Servi-me de um drinque e sentei-me ao seu lado no grande sofá de couro preto.

Finalmente fitei-o e sorri com o canto dos lábios, sorriso esse que eu adorava fazer em frente às câmeras.

Ele sorriu de volta. Assustei-me com a falta de harmonia do jovem rapaz: olhos saltados, nariz enorme e pontiagudo, lábios finos, sobrancelhas grotescas. Senti-me desconcertada; geralmente me visitavam homens belíssimos, que sorriam exibindo enormes dentes brancos e fingiam estar prontos para me atacar a qualquer instante.

Não era o caso de Robert...Como era jovem e estranho!

Tentei me recompor, ajeitando o casaco e sorri novamente

– Aceita mais uma bebida?

– Não, obrigado – respondeu-me em tom sério, mas amigável.

– Ok! Então, Robert Damion, certo? Vejo que tem um roteiro... Se quiser, pode apresentá-lo, mas já adianto que tenho pouco tempo.

– Serei breve, senhora Diva, prometo.

O "senhora" seria por conta de eu ser casada ou por causa de minha idade, tão aparente?

– Certo, me fale sobre o seu roteiro – sorri, evitando os seus olhos sinistros.

Ele colocou alguns papéis sobre a mesinha ao lado e começou:

– A historia é simples, nada de diferente, porem há algo interessante: a questão do tempo é mostrada de forma diferente da tradicional. – Percebia-se que o discurso fora decorado em suas mínimas palavras. – Tudo o que é considerado velho tem mais valor, mais respeito... E você, bem... A sua personagem mora numa pequena aldeia e é admirada porque...

– Pare com isso! – gritei. – Basta! Por que tentam me convencer a voltar para um mundo fictício? Por que não me oferecem um papel em que a minha idade não tenha de ser citada, ao invés de receber sempre argumentos horríveis para satisfazer o prazer de jovens escritores? Não, não quero ser mãe, avó e tampouco uma idosa respeitada numa comunidade idiota... Que coisa mais ridícula e sem criatividade, que blasfêmia! Pegue seu *script* de autor novato e suma daqui.

Joguei-me no sofá, com a pulsação forte e o meu rosto corando de raiva. Robert continuava ali, pasmo, estático, me fixando com aquela feiura inexplicável.

– O que foi, senhora? Algum problema? – A empregada veio ver o que estava acontecendo e mandei-a sair.

Olhei para Robert e tentei disfarçar, passei as mãos nos cabelos e ajeitei o casaco, sentei-me ereta e elegante mais uma vez e sorri com o canto da boca, que tremia, nesse momento.

– Muito obrigada, mas esse roteiro não me interessa.

Ele continuou parado, a cor amarelada, a expressão inédita de quem quer ir embora e não consegue se mover. Levantou-se devagar, e observei que chorava. Começou baixinho, de forma discreta, para depois soltar uma explosão de lágrimas e, em pouco tempo, era eu quem o estava consolando.

– Vamos, pare com isso, há tantas atrizes boas por aí...

Quando conseguiu interromper o choro, olhou-me fixamente e disse:

– Não quero outras, quero *você* em meu filme, sempre quis!

– Creio que o senhor deve saber que nem sempre temos tudo o que queremos. Por favor, saia!

Sua expressão tornou-se ainda mais estranha: o seu rosto se alongou, os olhos saltaram, a boca aumentou – chegando a se tornar quase imoral. E retirando o tom de súplica, ao perceber que esse artifício seria totalmente desprovido de atenção, disparou:

– É notável o quanto você se incomoda com sua idade, o quanto sua raiva é sólida, mas, ao mesmo tempo, vulnerável. Eu esperava encontrar uma pessoa mais humana.

Humana? – Estranhei a sua colocação e senti-me terrivelmente cansada, não porque se fazia evidente a minha repulsa à passagem do tempo, mas, sim, porque minha idade era alvo de discussão.

Sentei-me de forma displicente no sofá e ignorando as palavras cruéis de Robert, chamei pela empregada, a quem pedi um suco. Ao olhá-lo de relance, percebi que permanecia parado no mesmo lugar: sua respiração começava a se acalmar e a expressão alongada cedia espaço novamente à sua, habitual, ainda assim muito feia.

Ignorá-lo era um alívio para mim naquele instante. Para prolongar o meu objetivo, acendi um cigarro e peguei o celular em cima da mesa. Liguei para Patrick:

– Querido, você vem para o jantar? Teremos frango assado com batatas e um vinho especial, de uma safra antiga e rara.

Ouvi o silêncio do outro lado da linha e, em seguida, a resposta em tom casual:

– Desculpe-me, querida, não poderei jantar em casa; o filme está indo muito bem e precisamos aproveitar todo o tempo possível, sinto muito.

Desliguei o telefone e imaginei-o cercado de atrizes inexperientes e voluptuosas. Senti raiva de mim e não delas. Encolhi-me no sofá como quem tenta uma fuga para dentro de mim mesma, deitei a cabeça na almofada e viajei para idades menores e melhores. Não sei quanto tempo durou esse espaço de tempo, mas cheguei a me esquecer de Robert e quando o busquei com o olhar, lá estava ele, na mesma posição, o corpo alto e ereto, o olhar mais calmo, a cabeça baixa.

– Agora eu posso ir – disse-me, sem me olhar.

Naquele momento, concluí que, muitas vezes, havia uma certa crueldade no binômio idade e fama: quantas vezes os jovens que buscavam os velhos consagrados, cheios de esperança, não eram abatidos em segundos, com um simples "não"? Alguns possivelmente desistiriam de seus sonhos; outros pensariam em suicídio – a dramaticidade do mundo artístico pode ser algo perigoso e imensurável.

– Fique para jantar – convidei-o, sem entender, ao certo, por que o fizera.

Robert agradeceu e sentou-se na poltrona branca.

– Vou tomar um banho e descansar um pouco antes do jantar – disse, consultando o relógio. Eu tinha muito tempo, ainda.

– Tudo bem, eu te espero – respondeu-me.

Sugeri que esperasse na biblioteca e ele mostrou-se feliz e agradecido. Levei-o até lá e o vi retirando diversos livros das estantes empoeiradas, nas quais o tempo se assentara.

Há quanto tempo não leio um bom livro?, pensei, enquanto subia ao meu quarto. *Preciso arrumar algum, para me fazer companhia.*

Joguei-me na cama e, por algum motivo, senti-me feliz em ter a presença do desarmônico e jovem Robert para o jantar. Talvez porque a sua feiura ressaltasse minha beleza e isso me me ajudasse a retirar a idade das costas; talvez também porque ele me parecera sincero o suficiente e ao me acusar de falta de humanidade, algo dentro de mim se comoveu um pouco.

Pensei em Patrick e senti curiosidade em saber qual delas... Qual delas estaria nesse momento em seu camarim, exibindo seios duros e empinados e a pele cheia de colágeno? Ah, mas que me importava...

Adormeci e fui acordada pela empregada batendo à porta, anunciando que o jantar estava pronto.

Consultei o relógio, sobressaltada: eram dezenove horas e quinze minutos. Eu dormira três horas seguidas e continuava exausta. Estaria Robert ainda na biblioteca, entretido com os livros, ou se cansara e fora embora?

Tomei um banho rápido e morno, coloquei uma calça jeans e uma camiseta branca, joguei um xale em meu colo e desci.

Robert me esperava na enorme mesa de vinte lugares, na qual a refeição estava posta. Como dois infelizes seres, comemos e compartilhamos interesses, conversas, risadas. Foi preciso muito pouco tempo para que sentisse carinho por ele, algo quase maternal. A verdade que havia dentro dele me era, de certa forma, reconfortante.

***

A minha amizade com Robert foi se aprofundando, assim como a sua expressão fisionômica se tornando real – e até bela, em sua familiaridade.

Um dia, estávamos jantando no seu antigo e bagunçado apartamento, comendo comida chinesa, sentados no chão e rindo. De repente, algum padrão estabelecido em mim se quebrou e a costumeira negação foi substituída por um desejo antigo. Olhei seriamente para Robert:

– Quero lhe pedir um roteiro como favor e prova de amizade: um roteiro no qual eu possa ser feliz e bela, jovem e quase eterna – pois todos os jovens são "quase eternos".

Ele me olhou assustado, depois tossiu e sorriu. Disse-me que sim, que começaria ainda de madrugada. Depois, ficou um pouco pensativo e me perguntou:

– O que você deseja, de verdade?

– Quero um amante jovem e lindo, cujo amor por mim seja real, inocente e exageradamente forte. Ele poderá ter seus vinte e cinco anos e eu.... Que idade posso ter?

Parei para refletir: queria ser transportada a um outro mundo, através daquele enredo fictício; aquele romance, tal uma droga, me aliviaria a cada página. Rodopiei pela sala do apartamento, entusiasmada com a ideia de poder ser outra e me enxergar de forma diferente, Rindo desenfreadamente, com a excitação de uma menina, decidi: eu teria vinte e um anos e o resto seria por conta de Robert!

Alguns dias depois, recebi os três primeiros capítulos do roteiro. Robert me abraçou, empolgado:

– Diva, sinto-me feliz em escrever para você. – E retirou as páginas amareladas da velha bolsa de trabalho e me as entregou, sorridente. (Estranhei esse fato, como se aquele texto estivesse pronto há anos) – Ligue-me logo cedo, amanhã. Estou ansioso demais e quero a sua aprovação.

– Sim, Robert, sim! – respondi, enquanto ríamos juntos, selando o nosso pacto.

Pacto? Sim, no fundo, era o que estava acontecendo: algo sinistro unia uma velha e bela atriz a um jovem e feio roteirista. Talvez estivéssemos, de maneira sincera, usando um ao outro – por que não? Eu me enxergaria bela e jovem nas páginas do roteiro daquele escritor novo e ansioso e ele poderia, finalmente, ter a chance de escrever para um ídolo. Ambos sabíamos que não surgiria nenhum patrocínio dali e que o texto seria lido somente por nós dois, mas isso parecia ser suficiente para abastecer nossas almas perdidas.

Meu jovem amante chamava-se Tadeu. *Tadeu é um loiro de olhos esverdeados, que trabalha na marinha.* Sorri ao pensar nele, os músculos, o sorriso branco, as mãos brancas. *Tadeu e Diva moram numa pequena cidade do interior. Toda vez que ele sai para viajar – o que não é pouco frequente –, fazem amor antes e Diva chora, em meio ao gozo, de prazer e saudade. Ele lhe promete que voltará logo e encontrará outro trabalho, que não o afaste tanto de sua amada.*

As cenas iam se desenrolando diante de meus olhos e a história se fazia tão pura e inocente, que eu não conseguia me desvencilhar dela. Eu me via com vinte e um anos de idade, os cabelos loiros e longos, os olhos azuis amendoados, a pele macia, o corpo firme e uma paixão enorme para transbordar.

Liguei para Robert e agradeci, chorando ao telefone:

– Preciso de mais páginas. Agora! Preciso continuar a viver os meus vinte e um anos...

– Diva, que bom que você gostou. Sim, eu prometo lhe entregar rapidamente novos episódios.

***

Patrick estava se barbeando na frente do espelho, enquanto eu tomava meu chá, sentada na cama. Nunca desejei tanto que ele fosse embora o mais rápido possível e tampouco reparara antes que o ato de se barbear fosse tão minucioso. Ansiava poder voltar a viver os meus próximos capítulos.

Colocou uma calça jeans escura e uma camisa branca e pareceu-me preocupado. Sentou-se ao meu lado e, como sempre, forcei um sorriso em sua direção.

– Diva, querida – suspirou. *Talvez com sentimento de culpa?* – Como você está? Peço-lhe desculpas por estar tão pouco em casa.

– Não me importo – respondi, dando de ombros. E, pela primeira vez, estava sendo sincera.

– Você não se importa mais, mesmo? – indagou um Patrick cansado.

– E por que deveria? – retruquei.

Ele me olhou com estranhamento e passou as mãos em meus cabelos.

– Você é tão bela, Diva!

Longe de me sentir lisonjeada, uma raiva surda se apossou de mim. Sabia que minha beleza madura, para não dizer quase senil, não lhe bastava. Olhei-o friamente e perguntei:

– Você vem para o jantar?

Sua resposta foi negativa, o que para mim era o óbvio...

Vi-o partir e senti-me enojada, principalmente porque me lembrei de Tadeu e do quanto ele era diferente. Um ódio latente por Patrick começava a exalar seus odores e desamores. Por que não pensara nisso antes? Tudo o que precisava era me livrar dele. Seria tão simples! Eu o seguiria, o pegaria com alguma loira peituda de vinte anos e teria motivos suficientes para pedir o divórcio.

Estava decidida a entrar na ficção do roteiro de Robert por completo e nada poderia me atrapalhar!

Peguei o *Jaguar* e segui a *Mercedez* de Patrick, colocando-me sempre a uma distância segura para não ser vista.

Robert estacionou em frente ao *set* de filmagens, conversou um pouco com um grupo de pessoas, mas partiu em seguida. Não o perdi de foco, embora estivesse tomando uma direção desconhecida. Minha nova vida estava em jogo e a traição de meu marido seria a prova incriminadora para que essa história pudesse ser real.

O trânsito estava confuso: buzinas soavam freneticamente, um acidente de carro mais adiante, o *Jaguar* parado e eu aflita.

– Por favor, por favor, um autógrafo! – de repente, uma mão segura meu braço, enquanto ouço a voz de uma mulher jovem e um tanto histérica.

– Desculpe-me, não tenho tempo – tentei me desvencilhar, mas ela apertava meu braço com mais força, desabando a chorar, um choro ampliado pela tensão do momento.

O sinal abriu, arranquei meu braço com raiva e acelerei, deixando a fã para trás, enquanto os carros começavam a andar com mais rapidez. A *Mercedez* de Patrick fazia algumas curvas, bem mais à minha frente, até chegar ao subúrbio e parar em frente a uma casa pequena e em tons de amarelo. Aguardei um pouco, recuperando o fôlego, até que uma moça jovem e muito bela abriu a porta. Fiquei pensando na fã deixada para trás, enquanto contava mentalmente cinco minutos. Dirigi-me até a casa e olhei pela janela semiaberta, surpreendendo duas sombras se misturando em um abraço único. Senti-me tonta, mas não me intimidei: apertei com força a campainha e esperei.

Pensei em Tadeu, pensei em Robert, pensei na minha nova idade, na minha falta de rugas, em minha pele sedosa e na minha nova essência.

A mulher era ainda mais bela de perto: devia ter uns vinte anos, no máximo, e a perfeição do rosto triangular me deixou incomodada – além do que deveria. A verdade é que me lembrei de mim, na sua idade: os mesmos contornos, a mesma fisionomia de quem ignora tanta beleza e torna-se mais bela justamente por isso. Os cabelos pretos e lisos, os olhos cinza e o pescoço longo, pouca maquiagem, um retrato cabal da perfeição da juventude.

Ela sorriu, constrangida:

– Olá, entre, por favor. Eu me chamo Paula.

Entrei e sentei-me num sofá marrom com patinhos infantis desenhados. Ela sentou-se à minha frente e chamou por Patrick, gritando:

– Patrick, sua ex-esposa está aqui. – Sorriu e completou: – Aceita um suco de laranja?

Educadamente, aceitei.

Ele desceu as escadas, a fisionomia pálida, o olhar questionador, a mente formulando com rapidez alguma desculpa de última hora. Fitou-me e rasgou a boca num esgar – um arremedo de sorriso? – em minha direção; depois, olhou para Paula, repetindo a mesma expressão, e abaixou a cabeça com desconforto.

– O que há, Patrick? – murmurou a jovem deusa. – Está acontecendo algo?

– Querida – disse ele, olhando para mim – , posso explicar!

– Não quero que me explique nada – revidei. – Agora que vi o que queria, quero o divórcio. Adeus!

Saí batendo a porta, ouvindo os gritos da mulher admirável, que se sentia enganada. Entrei em meu *Jaguar* e ao perceber que Patrick tentava se aproximar, acelerei. Corri pelas ruas a mais de 120 km, enquanto sentia o vento me bater no rosto, a liberdade entrando em meus poros como se fosse um antídoto contra a velhice!

***

Não levou três dias para Patrick retirar suas coisas de casa. Mandou que buscassem tudo; não se deu ao trabalho de tentar uma reconciliação; não precisou fingir, o que me pareceu mais honesto.

A ligação que recebi dele numa madrugada fria, enquanto eu devorava um pouco mais de Tadeu e seu amor absoluto por mim, foi que me causou grande surpresa. Ser interrompida pelo som do telefone me deixou irada. Exceto pela voz amiga de Robert, que sempre me informava novidades de novas páginas e capítulos, eu não atendia a mais ninguém.

Mas Patrick, que sempre fora um homem forte e dominador, chorava por um amor mal resolvido:

– Diva, sei que você não tem nada a ver com isso. Mas Paula está irredutível e não quer dar o braço a torcer, depois que lhe viu. – Seu tom era de súplica: – Por favor, fale com ela, diga que nosso casamento já não existia; que você não se importava...

Por algum tempo considerei a situação e fiz uma pausa. Aquilo me fez sorrir: não sentia raiva pelo egoísmo do pedido, nem pena e tampouco humilhação, mas perceber Patrick tão frágil me fez constatar o quanto também estava velho e muito mais vulnerável do que eu.

Aceitei o pedido, não por ele, mas por mim. Havia algo naquela moça que a diferenciava das demais: não possuía uma beleza vulgar e escancarada, mas algo sutil e nobre, do qual eu poderia me nutrir um pouco, por que não?

Patrick me agradeceu chorando e o achei patético. Definitivamente, assim como eu, ele estava tomando consciência de sua velhice.

CAPÍTULO 2

O retrato de Dorian Gray

Tadeu entrou na pequenina e confortável casa azul, onde encontrou Diva deitada no sofá. Ela usava um vestido rendado e leve, tinha os pés descalços, os cabelos soltos e o rosto cansado.

Ele a beijou e perguntou-lhe o que tinha. Diva contou-lhe sobre dias que não passavam na sua ausência, sobre saudades e a necessidade de tê-lo perto de si mais tempo. Ela sentiu a língua do jovem em seu pescoço e estremeceu. Tadeu sussurrou em seu ouvido que abririam seu próprio negócio, da forma como ela queria.

Diva saltou pela casa, imaginando a construção de uma nova vida, sempre ao lado dele. Dispunham de tanto tempo!

Saíram para dançar e seus corpos jovens se moviam de encontro a outros. Sorriam, com a sensação da eternidade e longevidade, diante de novos planos para seu futuro longo, embalados por suas almas de juventude.

Na volta, como sempre, faziam amor, várias vezes. O corpo de Tadeu era esculpido em cima do de Diva e perfeito era o encaixe, a forma como se tornavam apenas um.

E a banheira... Ah, a banheira de espuma!

A campainha tocou, obrigando-me a retornar abruptamente de um outro plano, no qual estava mergulhada. Repousei as páginas na cabeceira da cama e precisei de alguns segundos para voltar ao momento presente: eu, mulher de quase sessenta anos, antiga atriz famosa etc e tal... A dor me invadiu de modo agudo quando me lembrei que havia marcado uma conversa com a jovem amante de Patrick.

Senti-me incomodada; tudo o que desejava era ler as novas páginas de meu livro e isolar-me do resto. Exigira a Robert que me trouxesse mais, pois já com quatrocentas páginas lidas, eu queria mais e mais. Estava totalmente dependente da escrita de Robert e da maneira como ele me definia.

Arrumei os cabelos sem pressa e coloquei um batom claro, olhei para meu rosto cansado, onde as rugas no contorno dos olhos estavam aumentando. Estremeci, ao reparar nelas. Coloquei um vestido verde de cetim e meu xale preto, calcei os saltos e desci as escadas, distinguindo a figura da jovem sentada no sofá, tomando um suco.

Mais uma vez, a sua inexplicável beleza me desconcertou. Ela era o retrato perfeito de uma obra de arte rara, talvez a mulher mais linda que eu já havia visto. Imaginei Patrick e seus devaneios, tentei sorrir e ela timidamente retribuiu.

– Chamei-a aqui por causa de Patrick – disse, sentando-me ao seu lado. – Creio que a minha aparição naquele dia foi um tanto abrupta e sei que você ainda está incomodada.

– Ah, Diva – ela me olhou e seus olhos claros iluminaram a sala; a pele era extremamente branca e uma covinha no queixo fora esculpida por Michelangelo. – Patrick me disse que estavam se separando... Eu nunca teria entrado nessa relação, se soubesse que era mentira. Sou nova, mas não sou burra; por isso, agradeço à senhora ter ido lá. Percebi que ele me quer para seu novo filme; mas não é a mim que quer, entende?

– Explique, por favor...

– Ele cismou com uma certa beleza, que afirma só eu possuir e que posso ser a próxima estrela de Hollywood. Ofereceu-me três anos de contrato e muito dinheiro, além de casamento.

Olhei-a admirada:

– E por que não aceita?

– Porque ele sabe que não quero atuar no cinema. Sou do palco, do teatro e, se ao menos, o roteiro não fosse tão fraco e superficial, e me quisessem pelo meu potencial e não pela minha aparência – aí, sim, talvez...

Eu estava atônita. Por algum motivo, senti-me criança e imatura diante da jovem e de seu discurso e lembrei-me da novela de Robert, um romance mal escrito, mas que satisfazia ao meu ego. Retornei aos meus vinte e cinco anos e às propostas de Patrick, aos olhares masculinos, aos pedidos de casamento, e tudo pareceu girar.

Levantei-me e servi-me de Martíni. Dentro de mim havia a sensação histérica de um grande vazio, e me senti reduzida a nada. Antes, eu fora tudo por causa da aparência, mas o que nutrira, além de minha beleza? Absolutamente nada! Não lera bons livros e sempre aceitara papéis fúteis, que alimentaram meu ego feroz. O que eu aprendera de útil quando jovem, para ser usado agora? Nada!

O tempo pode ser vingativo, quando quer. Ela estava ali, linda, com o mundo nas mãos e rejeitava tudo isso. Eu estava diante de uma mulher diferente: Paula, além de bela, mostrava-se ética, culta e cheia de valores e princípios.

Tentei argumentar com ela, com sinceridade:

– Mas a sua idade vai passar, assim como sua beleza. Por que não aproveitar o que tem, agora?

– Estou consciente disso tudo, mas o que mais quero é envelhecer em paz e ter vários netos, que corram por uma enorme casa no campo – disse com serenidade, acrescentando: – Sabe, às vezes queria que o tempo se apressasse, para que eu pudesse ser vista pelo que sou de verdade. Mas essa será, ainda, uma grande batalha!

Touché! A menina frágil e desprotegida me vencera com palavras e argumentos; o que eu poderia dizer? Mas a sinceridade do momento me permitiu abrir o jogo:

– Sabe, tive um passado glamouroso e nisso pesou a decisão de não ter filhos: a proposta de uma vida que pudesse ser vivida intensamente a cada instante, sem pensar muito no futuro...

– E hoje, acha que fez a escolha certa?

– Eu não sei – respondi, engolindo mais um pouco do álcool ruim.

– Sabe, Diva, quando penso nessa questão do tempo e da beleza, lembro-me sempre de Dorian Gray, preso num corpo perfeito e jovem, mas atormentado por uma velhice que, inevitavelmente, fica registrada num quadro.

– Mas é fácil falar assim quando se é jovem ainda, Paula. Acha que se ler "O Retrato de Dorian Gray" daqui a vinte anos, pensará da mesma forma?

Ela me olhou e sorriu, mostrando a perfeição dos dentes grandes e brancos.

– Talvez sim, mas não posso lhe responder isso com certeza, agora...

A campainha tocou, assustando-a.

– Não quero ver Patrick! – disse.

Pedi-lhe que ficasse calma, pois certamente era Robert, com novas páginas para mim.

Ele entrou e os apresentei. Paula pareceu não se incomodar com a aparência de Robert, mas esse ficou visivelmente perturbado com a sua beleza.

Jantamos e conversamos. Aqueles jovens possuíam muito mais a oferecer do que eu: eles tinham conteúdo, ideias, conhecimentos. Senti-me bem e confortável, por algum tempo, mas quando observei o olhar dos dois se cruzando de forma ansiosa, presenciei uma nova catarse em minha vida. Robert e Paula iram se apaixonar; ele não teria mais tempo para sua velha Diva, e com isso não mais escreveria sobre Tadeu – tudo isso antecipei em questão de segundos. O medo me paralisou o corpo, enquanto um calafrio me percorria do alto da cabeça aos pés, me fazendo tremer. A tontura me dominou: era a habitual tontura das histéricas, em que a dramaticidade se apossava de mim, fazendo-me cair ao chão, inconsciente e exausta, subjugada pelo receio de não mais ter Tadeu pelo resto de meus dias.

***

Conforme meus prognósticos, Robert e Paula começaram a sair, mas isso não o impediu de continuar escrevendo e me recriando jovem. Minha ansiedade se aquietou quando notei que a amizade entre os dois trouxera mais vida a Robert, o que se refletia em seus personagens. "Meus jovens heróis" ficavam cada dia mais passionais, inquietos, desesperados por amor, sexo e veneração. Desconfiei das intenções de meu amigo em relação à Paula; decerto, se apaixonara e transferia todo o amor represado para o papel, onde as frases continham maior impacto. Decifrei Robert: era muito nítida a diferença de estilo e escrita em um homem secretamente apaixonado.

E isso fez com que Tadeu se tornasse cada dia mais de Diva; tudo o que faziam eram planos para a sua futura loja de presentes (de onde Robert tirara isso?) e em relação ao seu amor incondicional.

Não havia mudanças radicais no texto, não havia o habitual conflito, tão buscado pelos escritores (o que eu agradecia, pois eu lia e relia uma narrativa estática, jovem e atemporal). Ao chegar à página 1000, a folha deslizou ao chão. Estremeci, me faltou o ar; era a última e Robert não havia me entregado mais nada. Senti os pés, enrolados ao cobertor, ficarem frios. Alcancei o telefone com dificuldade.

Tadeu estava voltando de uma viagem importante, fora visitar a mãe doente em outro Estado. E a última frase dizia: *Ao entrar em casa, na pequenina e aconchegante casa azul, a expressão dele era diferente.*

Diferente? Como assim?

– Robert, como vai? Sim, estou bem, mas preciso de mais páginas.

– Diva, minha musa, seria uma honra, mas estou me trocando para ir a um bar com Paula. Não tenho tempo para escrever agora.

– Robert, por favor...!!

– De madrugada, quando eu voltar, OK?

– Não, de jeito nenhum, estou me sentindo mal. O que significa: *Tadeu voltou e a expressão dele era estranha*? Preciso saber o que aconteceu, não faça isso comigo!

– Por que não vem ao bar conosco? Tomamos alguma coisa e, na volta, você me acompanha até o apartamento, escrevo de madrugada e te entrego várias paginas, o que acha?

Não havia como recusar, embora eu precisasse enfrentar a multidão e sua juventude; encarar meu rosto de frente no espelho; me sentiria velha e inadequada ao lado de jovens, que, sem percepção do tempo, dançariam e ririam ao som de alguma banda estranha. Mas eu faria isso: por Tadeu, eu o faria!

Chegamos ao bar *Charlie*, como os Três Mosqueteiros. Pareceu-me até engraçada a nossa visão aos olhos dos outros: uma velha, ao lado de um jovem casal. Ah, os outros... Reconheço que, se eu fosse anônima, eles não me fitariam desse jeito.

— Odeio esses olhares todos em cima de mim — forcei um sorriso e olhei para Paula.

— Você é uma mulher linda, Diva. Além disso, é conhecida, deixe eles desfrutarem um pouco e vamos nos divertir.

Ela não estava sendo cínica ou sarcástica, parecia me enxergar realmente sem idade, atemporal. Robert, que era o único cúmplice dessa minha aversão à idade, sorriu carinhosamente e chamou o garçom. Pedimos tacos, comida mexicana apimentada, e uma garrafa de vinho tinto. Paula e Robert conversavam sobre Proust, Camus, Victor Hugo, Dostoievsky.

Gostavam de brincar com frases de escritores famosos e tentavam adivinhar quem os havia escrito.

— *"Tenho de proclamar a minha incredulidade. Para mim não há nada de mais elevado que a ideia da inexistência de Deus. O Homem inventou Deus para poder viver sem se matar."* Dostoievski — disparou Paula.

— *"A falta de liberdade não consiste jamais em estar segregado, e sim em estar em promiscuidade, pois o suplício inenarrável é não se poder estar sozinho."* Outra do Dostoievski — revidou Robert, com olhar desafiador.

Paula nos contou sobre sua nova peça teatral e as recusas constantes para ingressar nos filmes de Patrick e rimos: eles, por convicção; eu, por desespero. Em mim havia a certeza da burrice que essa moça estava fazendo com sua vida. Fiz questão de repetir isso a ela:

— Paula, você deveria aceitar; um pouco de exposição não lhe fará mal.

— Não, Diva, para mim é ponto pacífico que não vou aceitar um papel somente para ficar em evidência – retrucou, com veemência e de forma objetiva. – Tenho de me apaixonar pela personagem.

Mais uma vez me senti imatura diante da jovem e lembrei-me de Dorian Gray, fitando um quadro envelhecido e de alma demoníaca – o belo e eterno Dorian e sua triste alma...

Ouvi a voz rouca e masculina, que chegou de surpresa, interrompendo a nossa conversa:

— Como é linda, posso ter seu autógrafo, por favor?

Suspirei. Certamente, mais um jovem escritor querendo me usar de escada para uma vida profissional idealizada. Pedi a caneta a Robert e respondi, olhando de relance:

— Claro, por que não? Onde eu...?

Interrompi a fala, ao ver que Paula estava vermelha, enquanto assinava um bloquinho de notas do admirador, que não era jovem e a devorava com o olhar.

— Eu sinto muito, Diva – disse-me ela, envergonhada.

— Não sinta, me poupou dessa. – Dei uma gargalhada falsa.

Robert quebrou o constrangimento que pairava no ar, sugerindo um brinde:

— Às duas mulheres mais lindas do bar e, com orgulho, minhas amigas!

Eu sentia um estado de irritação crescer em mim, como uma onda que anuncia, ao longe, que irá explodir, caso não se nade depressa e fuja da maré alta.

Levantei a taça e, rispidamente, retribuí:

— Ao jovem e talentoso escritor mais feio de Hollywood!

Paula me olhou com indignação. Robert abaixou a cabeça e corou, antes de ouvir os protestos da jovem.

– Robert, quero minhas páginas no início da manhã, na minha mão – cortei e saí dali, me sentindo traidora e infeliz.

Dormi muito mal naquela noite. Sonhei que Tadeu descobria minha verdadeira idade e o meu rosto ia se despedaçando ao chão, enquanto ele, assustado, corria para longe de mim... Sonhei com imagens do passado e tentei não acordar, mantendo-as vivas dentro de mim, mas era inevitável que se desvanecessem. Tonta e transpirando muito, tomei água, sentada na cama, enquanto chorava na meia penumbra. O passado era como um enorme pássaro assustador: consegue-se segurá-lo por algum tempo, mas depois ele voa para longe, deixando-nos sem saber o que fazer, inclusive como saber voar...

Cinco horas da manhã e o mal-estar continuava a me afligir. Tentei ligar para Robert, mas ele não me respondeu. Eu poderia ter assassinado a sua criação: Tadeu poderia nunca mais existir e, se assim fosse, eu morreria!

***

Um mês na cama. Foi esse o período que permaneci prostrada, enquanto a empregada me alimentava e seguia minhas ordens de tentar localizar Robert, a qualquer custo. Mas nada: ele havia desaparecido e fiquei imaginando que, talvez, fosse a sua forma de vingança; ele, mais do que ninguém, sabia o quanto eu estava dependente de seus personagens e da maneira como existia na sua história. Sabia bem que, sem Tadeu e a minha juventude estampada em páginas e mais páginas, eu nada era.

Patrick veio me visitar uma noite e, para minha surpresa, estava acompanhado por Paula.
— O que há com você, Diva? — indagou, preocupado, enquanto segurava minha cabeça e me fitava com gravidade. — Você está branca; quantos quilos perdeu? Vou levá-la a um médico.
Foi quando a voz de Paula ecoou mais forte:
— Ela não precisa de um médico, precisa de Robert...
— Paula — supliquei —, onde está Robert?
— Não sei, Diva, e, certamente, eu não lhe diria se soubesse. Desde aquela noite que não o vejo mais; ele sumiu, graças à sua maldade e à forma fútil e incoerente como enxerga o mundo. Acha que pode maltratar as pessoas assim? Sua egoísta!
— Paula, por favor, me espere no carro — pediu Patrick. Ao nos encontrarmos sozinhos, perguntou: — O que isso tudo quer dizer, Diva? Vamos, confie em mim...
— Confiar em você? — ri com a pouca força que me restava. — Está namorando Paula, Patrick? Veio aqui para me jogar isso na cara?
— Você está ficando louca! Não, infelizmente, não estou namorando Paula. Estamos trabalhando a sua entrada para o cinema: aceitei colocá-la num texto mais elaborado, uma adaptação de uma peça teatral e...
— Não quero ouvir; saia daqui, por favor...
— Não, não sairei daqui para te deixar morrer!
— Você quer me ajudar, Patrick? De verdade?
— Sim, é tudo o que quero.
— Então, localize Robert para mim: contrate um detetive; faça o que quiser, mas o localize, por favor.
Patrick me olhou estranhamente, suspirou e disse:
— Nossa, você o ama tanto assim? Eu o encontrarei para você, tenha certeza!

Beijou-me o rosto e saiu do quarto.

Ouvi o barulho da porta se abrir novamente e vi mais uma vez o rosto de Paula, belo, porém triste. Ela se sentou na beirada da cama e me disse:

– Fui procurar por Robert em seu apartamento e tudo o que encontrei foram algumas páginas largadas em sua escrivaninha de trabalho.

– Preciso delas – murmurei, sem forças. *Ele deve ter escrito na madrugada da briga no bar...*

– Eu sei que precisa. – Jogou algumas folhas de papel em cima de mim e, antes de sair, olhou-me de forma raivosa, expressão nova no seu universo: – E eu preciso dele! – revelou, antes de ir embora.

CAPÍTULO 3

Renovação

Patrick passou a me ligar todos os dias e, de vez em quando, a vir em casa me obrigando a me alimentar e tomar banho. Contratara uma espécie de enfermeira, que me controlava o dia todo. Esse era o acordo: ele localizaria Robert, se eu me cuidasse. Confesso que levei dois dias para ler as últimas páginas que Robert havia escrito naquela madrugada. Faltava-me coragem, apesar da abstinência que eu sentia. Mas, finalmente, venci minha própria resistência e, movida por um impulso maior, eu as coloquei em ordem e comecei a ler.

Com uma expressão estranha, Tadeu entrou na pequena casa azul. Diva o fitou curiosa; no fogão, a comida de cada dia quase pronta; no ventre, o pequeno ser que os tornava ainda mais unidos – afinal, agora, eram três.

Abraçaram-se como de costume, mas ela o percebeu frio e sem graça.

– Como você está se sentindo? – Tadeu perguntou-lhe, enquanto passava mecanicamente a grande mão em sua barriga.

– Estou bem, mas estava morrendo de saudades! – Diva respondeu, tentando imprimir à voz um tom de animação, que estava longe de sentir. – Meu amor, temos muitas coisas a planejar: a pequena loja, os convites de casamento, a reforma para o quarto do bebê...

Parecendo um animal assustado e irreconhecível, ele a fitou de forma estranha e lhe disse:

– Pare, Diva! Preciso lhe contar: conheci outra mulher, por quem me apaixonei.

Parei de ler... Deixei as páginas caírem ao meu lado, sentindo o coração saltar. Tentei pensar na vingança de Robert e imaginei o que viria pela frente. Com falta de ar, abri a janela do quarto e um vento forte me socou o rosto.

Outra mulher?

Ah, Robert fora fantástico em sua vingança! Certamente, aquela que apareceria nas próximas páginas seria Paula, a nova amante de Tadeu.

Respirei fundo. Ouvi um barulho no andar inferior; em breve, a enfermeira entraria com comida e me obrigaria a tomar banho. Cobri-me com um velho cobertor que estava jogado ao chão, esquecido, e abracei minhas próprias pernas, que não paravam de tremer. Lá fora, a cantoria dos pássaros me pareceu inadequado.

Resolvi concluir a minha sentença de morte. Peguei com dificuldade as páginas que faltavam e elas quase me caíram das mãos.

A enfermeira entrou com seu sorriso padrão e deixou a bandeja ao lado da cama, na mesa de cabeceira. Pedi-lhe algum tempo para o banho, com o que ela concordou, deixando-me a sós com uma salada verde e um enorme pedaço de carne. Ignorei-os, pegando a maçã vermelha no canto da bandeja, que mordi com raiva. Eu sabia que estava doce, mas não conseguia, de fato, sentir o seu sabor.

Larguei a maçã, que rolou pelo chão, mas não fiz caso dela, deixando-a, desprotegida. Recuperei a coragem para retomar a leitura:

Diante de uma Diva lívida, Tadeu prosseguiu:

– Eu a conheci por acaso. Ela é uma mulher linda e inteligente, embora inexplicavelmente vazia e amarga. Por algum motivo, que desconheço, não consigo esquecê-la, nem me desligar dela.

Diva argumentou, ficou irada, lembrou-o do amor incondicional que os ligava.

– Eu sei, também achava isso, antes de conhecê-la – Tadeu tentou se explicar. – Mas o tempo transforma tudo.

– Quem é ela, quantos anos tem, onde mora? Eu preciso saber, preciso entender...

Ele deu alguns passos com seu jeito desengonçado e a olhou com pena, sentimento que só fez aumentar a sua humilhação e insignificância.

– Veja, você ainda é muito jovem, tem apenas vinte e um anos e uma vida toda pela frente, assim como eu. Não precisamos nos acomodar nisso e...

Diva jogou um prato em sua cabeça, do qual ele se desviou.

– Você está me magoando, como se tudo fosse passado e eu devesse, simplesmente, sentir a saudade daquilo que já se foi! Como se a minha gravidez nada significasse; como se nossas juras de amor nada representassem...

Ele disse saber o quanto estava sendo perverso, mas que a sinceridade deveria ser a escolha certa. Antes de sair definitivamente de sua vida, parou em frente à porta e num suspiro quase sufocado, revelou:

– Ela tem cinquenta e oito anos, é uma antiga atriz de cinema e é a mulher mais linda que já vi.

Olhei a maçã, já em processo de oxidação, no chão e desmaiei.

***

Fiquei hospitalizada por alguns longos e intermináveis dias. Patrick me disse que foram dez, mas desconfio que tenham sido cem.

Em uma de suas frequentes visitas, contou-me que eu tomara remédios para dormir, vários. Neguei, pois a última visão que me recordava era a de uma maçã no chão e depois disso, eu adormecera.

– Antes de *adormecer*, Diva, você engoliu quarenta comprimidos. Ainda bem que você estava sendo monitorada.

– Patrick, a empregada que está conosco há tanto tempo, como se chama?

– Sílvia, por quê?

– Não sei, apenas me pareceu curioso estar morando há tanto tempo ao lado dela sem saber seu nome.

– Olha, preciso lhe dizer algo, Diva. Foi difícil chegar até Robert, mas o localizei numa cidade pequena e praticamente desconhecida. Sinceramente, eu não tinha ideia da existência dela. Chama-se Emit.

– Emit? O que ele faz por lá?

– A notícia que tive é de que passa o tempo indo e voltando do hospital para uma pequena casa que ele comprou. Veja,,. Te trouxe fotos.

Olhei para as imagens à minha frente. Vi a pequena casa azul em frente a uma praia e um golfinho ao longe, quase imperceptível na foto.

Senti o corpo estremecer, invadida pela percepção tardia de que eu não era a única personagem de um universo cheio de gente, amor e desamor.

***

Ao chegar à cidade de Emit, achei curioso como tudo ali era calmo e quase vazio. O sol era forte, o que explicava o fato de ter encontrado poucas pessoas nas ruas, às quais mostrei a foto da casinha azul.

Indicaram-me uma praia um pouco mais distante.

Aluguei um carro e fui dirigindo pela estrada, enquanto olhava o verde mar e golfinhos, que pulavam e faziam acrobacias incríveis.

Finalmente, a última praia da cidade de Emit, quase deserta. Parei o carro e caminhei descalça pela praia. Sentir a aspereza da areia me fez bem.

Ao avistar a casa, corri em sua direção. Bati à porta, que se abriu sozinha, deixando escapar um cheiro de peixe. Avancei, chamei por Robert, cheguei até uma pequena cozinha, onde vi peixes fritos no prato, em cima de uma pequena mesa branca.

Ao explorar outros aposentos, descobri um quarto. Uma cama de casal era tudo o que havia ali, além de alguns frascos de remédios jogados ao chão. Sentei-me e esperei.

Adormeci. Ouvi a porta bater, mas estava cansada demais; o calor me atingira com precisão.

Quando consegui abrir os olhos, Robert estava parado, ainda mais magro, à minha frente. Devo ter pedido desculpas, ouvi algo que não entendi; esfreguei os olhos e tentei aguçar meus sentidos. Finalmente, compreendi suas palavras:

– Deixei-me ser Tadeu. Só por alguns instantes.

– Tudo bem – respondi, fechando os olhos.

Fui abraçada por Robert, que fez amor comigo de maneira lenta e passional. Havia um quê de melancolia e esperança, ao mesmo tempo; havia a falta do que dizer e tanto para falar.

Contou-me sobre sua doença, em fase final – estava com metástase.

– Por que não me contou sobre o câncer? – indaguei, incrédula.
– Ah, eu sonhava em ser Tadeu e fiz disso a minha forma de recuperação.
– E como veio parar aqui?
– Procurei por algo que eu escrevera e não havia conhecido e sem querer, parei aqui. A casa era branca, mas pintei-a de azul. É aqui que quero morrer.

Que ironia. O tempo está levando um jovem com a vida toda pela frente e insiste em me deixar viver como velha.

Acompanhei Robert até o hospital. Ele se recusava a ficar internado: ia para algumas sessões de radioterapia e voltava para casa. Ajudei-o da melhor forma que pude: acompanhei-o enquanto perdia cabelo e vomitava pela casa; seu peso se reduziu ao de uma pena; e sua imagem era a de um homem precocemente envelhecido para seus mal entrados vinte anos de idade.

– Isto não é certo – argumentei, um dia.
– E por que não deveria ser assim?
– Você é tão jovem...
– Diva, o tempo não é determinado pelo tempo de vida, pelas nossas idades, por presença ou não de rugas no rosto... Como tentei lhe mostrar isso! O tempo da velhice independe de idade, aprenda isso.

Sentia um carinho especial por Robert. Tentei compreender o que, de fato, me ligava a ele: não era um amor carnal, era uma amizade incondicional, havia o respeito e o carinho que transbordavam em mim. Ele, sim – eu sabia agora – me amava da maneira mais incondicional possível, sendo que os personagens criados em sua narrativa não satisfaziam apenas ao meu ego, mas ao seu também. Certamente, éramos dois prisioneiros daquelas páginas cheias de sonho e ilusão.

***

Naquela manhã de domingo, Robert acordou muito suado. O tremor em seu corpo era assustador; a boca estava tão seca, que ele mal podia falar; a cor branca da tez mostrava as veias roxas em seu corpo; o olhar quase moribundo revelava o desconforto de um corpo com apenas quarenta e cinco quilos.

Peguei-o no colo e o levei até o carro, dirigindo para o hospital de Emit. Ele foi conduzido ao quarto e pediram para que eu esperasse na sala de espera.

Algo inusitado aconteceu naquele dia. Eu estava aflita, mal conseguindo me sentar. Permaneci em pé, na sala de visitas quase vazia, esperando por notícias. Havia uma mulher velha, cuja imagem assustadora ficaria registrada em minha memória para sempre: era como se ela simbolizasse todo o meu medo; ela era o próprio quadro de Dorian Gray, sentada ali à minha frente, aflita, misteriosa, gasta pelo tempo.

De repente, ela se jogou sobre mim me chamando de mamãe, e todas minhas defesas fugiram. Eu a repeli com violência, apavorada com a possibilidade de ser mãe de alguém tão envelhecida. Corri para longe dela, incomodada com o fato do tempo, zombeteiro, insistir em me atormentar e ali, naquela sala de espera, me dar um xeque-mate.

Sentei-me ofegante no carro, permanecendo com a mente acelerada. Por algum motivo, lembrei-me de mamãe, linda e elegante e a maneira como ela reclamava de sua imagem envelhecida, quando tudo o que eu conseguia ver, em minha percepção infantil, era beleza – uma beleza rara e estonteante –, que ela insistia em negar existir.

Pensei em Paula e na dificuldade que tinha em aceitar a própria beleza. Havia um antagonismo entre nós: enquanto ela se nutria de sua inteligência e da necessidade de desprezar o belo – e, portanto, apressar o tempo –, eu me nutria do belo – do qual o tempo era inimigo –, como único fator imprescindível. Aquilo fazia de nós, duas desafiadoras do tempo.

Pensei em Robert, que deveria estar entubado. Quanto tempo duraria o último segundo de vida? Seria rápido, lento, seria feio morrer?

E, finalmente, a imagem da velha senhora retornou à minha mente, como querendo esclarecer algo. Compreendi que a feiura que ela exalava era fruto de tudo o que eu sentia; entendi que deveria ser uma pessoa extremamente triste e sozinha e o sentido de envelhecer se fez mais aguçado. A alma de Dorin Gray gritava, enquanto ele permanecia belo e jovem. A alma de Robert era pura e boa e, agora, surgia em minha mente com a forma mais bela que um ser humano pode ter: não por ser jovem e saudável, mas por ter na alma a compreensão da eternidade do tempo.

E eu? Que compreensão de tempo e vida havia se formado em mim?

Lembrei-me, inquieta, de um tempo longínquo, mais precisamente do período em que uma jovem empregada viera trabalhar em minha mansão. Ao recebê-la no primeiro dia de suas atividades, ela sorriu para mim, mas não correspondi. A veneração e humildade que exalava me enfadaram, fazendo-me sentir muito superior a ela. Numa atitude em que reforçava ser eu uma estrela, e ela apenas uma criada, ajoelhou-se à minha frente:

"Senhora, estou muito feliz em poder servi-la" – declarou, em tom de reverência.

A partir de então, iniciou-se um processo histórico de citar cada filme meu; detalhes que ela havia guardado na mente; frases inteiras de personagens que vivenciei na tela. Aquilo foi me irritando de tal maneira, até que me cansei de sua postura subserviente para comigo.

"Pare de me dirigir a palavra" – ordenei, com rispidez. – "Só quero que o faça para me informar sobre algum problema na casa".

Não sei por que a expressão daquela empregada permaneceu indelével em minha mente, depois de tanto tempo. Recordo-me dela levantando-se, encabulada, vermelha, desamparada. Enxugou uma lágrima que lhe caiu ao rosto e respondeu com um econômico:

"Sim, senhora. Vou obedecê-la. Prometo que isso não irá mais se repetir." – e se retirou.

Reconheço, hoje, que fui injusta e deliberadamente cruel. Daria alguns anos de minha vida para retroceder até o passado e repetir a mesma cena. Então, como em uma tomada refeita – por não ter surtido o efeito desejado no diretor –, eu a convidaria para sentar-se e tomar um suco comigo. Como velhas amigas, eu lhe contaria sobre as ilusões do cinema e seu glamour, dignificando-a e não a rebaixando, como fizera.

A lembrança daquela empregada reavivou o assédio que sofri de tantas outras fãs: moças que se espelhavam em mim e cortavam seus cabelos curtos como os meus, ou os alisavam e pintavam de loiro; copiavam as roupas que eu exibia em capas de revistas; colavam cartazes meus em seus quartos, imaginando um dia serem como eu – uma "diva". No antagonismo entre o ódio que sentia dessas fãs e a necessidade que tinha de sua aceitação, andava com a cabeça erguida, não me rendendo a distribuir autógrafos, sorrisos, ou qualquer sinal de cumplicidade.

Quantas esperanças eu havia desperdiçado?

Passaram também pela minha vida rapazes com corpos esculpidos por Michelângelo e rostos desenhados por Deus, aos quais me entreguei, desfrutando de um prazer diferente – além do sensorial –, sublimado pela obsessão que eles nutriam por mim. Eu agia como uma raposa, ao me deixar tocar por mãos estranhas, apenas para que pudessem ter por algumas horas a sensação do prêmio maior nas mãos e, depois, a da perda de tudo. Sim, como uma raposa eu fugia e sabia que o resultado disso era sentido como catástrofe por todos eles.

Robert me voltou à mente. A sensação de que mais nenhuma jovialidade se encontrava disponível para ele e tampouco para mim me atacou com força e incoerência; e a percepção da velha senhora me chamando de mãe fez com que antigas e confusas emoções fossem disparadas, num doloroso processo interno.

Dava-me conta de quantos passados existiam em mim, mas nenhum presente... Quanto vazio cheio de nada, repleto de memórias, rostos e formas: como eu pudera me lotar de coisa alguma, dessa maneira? Minha alma não havia amadurecido para enfrentar um corpo velho; ao invés de me preparar, abandonara-me para viver apenas o jovem, o belo, o mortal. Fosse imortal ou não, minha alma estava repleta de vazio e interrogações.

Imaginei-me ajoelhada à frente da antiga empregada, tentando sentir o que ela nutria por mim. Consegui, então, entender a complexidade de quem ama e admira, ao sentir, trinta anos depois, a dor que ela e todos aqueles a quem menosprezei sentiram...

Com a minha mente, quebrei o quadro de Dorian Gray e, assim, toda sua maldição!

Mas lembrei-me que havia algo a mais morrendo, não só em mim; e a imagem de Robert em seu leito de morte me atingiu em cheio. Ele não tinha mais tempo algum...

Corri para vê-lo. Imaginei que estivesse vivendo seus últimos segundos, mas não quiseram permitir a minha entrada.

Sem ligar para o protocolo, empurrei as enfermeiras: eu *precisava* vê-lo uma última vez!

Fraco e resistente, Robert conseguiu sorrir para mim. Sorri de volta.

– És lindo, Robert – sussurrei em seu ouvido.

Ele sorriu mais uma vez, apertando com mais força a minha mão.

Robert resistia em seus últimos segundos, como se tentasse controlar o tempo.

– Vá sem medo, vai ficar tudo bem – tranquilizei-o – Isso, assim, sem medo, deixa ir, deixa ir...

***

Epílogo

Eu já deveria estar habituado a ser acusado de tantos "is", ao ser rotulado de impiedoso, inclemente, implacável. Mas, confesso, somente minha sabedoria milenar é que me permite um certo olhar piedoso sobre vocês, seres humanos, simples mortais sobre quem tanta influência exerço.

Se por um lado desempenho uma influência nefasta, não se esqueçam dos efeitos benéficos e anestesiantes sobre dores que somente eu tenho a capacidade de curar. Aqueles que atingem a maturidade e sabedoria com equilíbrio sabem do meu poder mágico: afinal, forneço o distanciamento necessário para as resoluções, acomodações e catarses que os dilemas do dia a dia impõem a vocês.

Em contrapartida, sou o pavor das mulheres, principalmente das muito belas, pois não levo em consideração formosura – para a todas envolver, igualmente, com meu manto de dissolução e esmaecimento.

Atribuem a mim um poder que, na verdade, é intrínseco a vocês, pertencendo ao momento particular de cada um: não me acelero, nem me arrasto; sou constante e linear, como cada ciclo da vida. Se me enxergam de forma impiedosa, decerto são os seus olhares que me concedem tal característica.

Ah, acusam-me de tantas coisas! Mas se esquecem de me ver com o olhar piedoso e imparcial do que outorgo com a minha passagem: sabedoria, experiência, tranquilidade, amplitude; em oposição ao que não faculto nos primeiros anos de juventude: inquietude, impulsividade, ansiedade, inconsequência, falsa sensação de onipotência.

Entre um extremo e outro, vou cumprindo meu papel de cultivar e ceifar sonhos; incubar e realizar desejos; impulsionar e acumular experiências; dar aos seres humanos condições para nascer, crescer e morrer – num eterno círculo vicioso. Afinal, eu sou o Senhor Tempo. E do alto desta minha condição, lhe pergunto: e você? Qual é o *seu sonho*?